I0793278

Entre los títulos de esta serie

EDITADOS Y CON INTRODUCCIONES POR MARY-ALICE WATERS

Che Guevara sobre economía y política en la transición al socialismo
CARLOS TABLADA (2024)

Nuestra historia aún se está escribiendo
ARMANDO CHOY, GUSTAVO CHUI, MOISÉS SÍO WONG (2017, 2005)

Cuba y Angola: La guerra por la libertad
HARRY VILLEGAS (2017)

"Son los pobres quienes enfrentan el salvajismo del sistema de 'justicia' en EE.UU."
LOS CINCO CUBANOS HABLAN SOBRE SU VIDA EN LA CLASE TRABAJADORA NORTEAMERICANA (2016)

Absolved by Solidarity/Absueltos por la Solidaridad
ANTONIO GUERRERO (2015)

Voces desde la cárcel: Los Cinco Cubanos
RAFAEL CANCEL MIRANDA, GERARDO HERNÁNDEZ, RAMÓN LABAÑINO Y OTROS (2014)

Las mujeres en Cuba: Haciendo una revolución dentro de la revolución
VILMA ESPÍN, ASELA DE LOS SANTOS, YOLANDA FERRER (2012)

El capitalismo y la transformación de África
MARY-ALICE WATERS, MARTÍN KOPPEL (2009)

Cuba y la revolución norteamericana que viene
JACK BARNES (2007)

La Primera y Segunda Declaración de La Habana
(2007)

Marianas en combate
TETÉ PUEBLA (2003)

Playa Girón/Bahía de Cochinos
FIDEL CASTRO Y JOSÉ RAMÓN FERNÁNDEZ (2001)

Che Guevara habla a la juventud
(2000)

Haciendo historia
ENTREVISTAS CON CUATRO GENERALES CUBANOS (1999)

Pombo: A Man of Che's *guerrilla*
HARRY VILLEGAS (1997)

¡Qué lejos hemos llegado los esclavos!
NELSON MANDELA Y FIDEL CASTRO (1991)

De la sierra del Escambray *al* Congo

De la sierra del Escambray al Congo

En la vorágine de la Revolución Cubana

Entrevista con Víctor Dreke

PATHFINDER

Nueva York • Londres • Montreal • Sydney

Edición a cargo de Mary-Alice Waters

ISBN 978-0-87348-949-2
Library of Congress Control Number 2001099856

Impreso y hecho en Estados Unidos de América
Manufactured in the United States of America

Primera edición, 2002
Duodécima impresión, 2024

DISEÑO DE LA PORTADA: Eva Braiman
FOTO DE LA PORTADA: Miembros de una unidad de Lucha Contra Bandidos de las Fuerzas Armadas Revolucionarias de Cuba en un peine en la sierra del Escambray en Cuba central, a comienzos de la década de 1960, durante la operación destinada a liquidar a las bandas contrarrevolucionarias. (*Granma*)

Los mapas del Congo y del Congo oriental se reproducen con permiso de Piero Gleijeses, autor de *Conflicting Missions: Havana, Washington, and Africa,* 1959–76 (Misiones conflictivas: La Habana, Washington y África, 1959–76; University of North Carolina Press, 2002), págs. 65 y 110.

Pathfinder
www.pathfinderpress.com
Correo electrónico: pathfinder@pathfinderpress.com

Contenido

LA HABANA
MATANZAS
CORDILLERA DE GUANIGUANICO
PINAR DEL RÍO
LA HABANA
MATANZAS
SAGUA LA GRANDE
SANTA CLARA
PINAR DEL RÍO
CIENFUEGOS
LAS VILLA
PLAYA GIRÓN
SIERRA DE ESCAMBRAY
ISLA DE PINOS
TRINIDAD

OCÉANO ATLÁNTICO
GOLFO DE MÉXICO
Bahamas
Puerto Rico
Cuba
Haití
Jamaica
República Dominicana
México
Honduras Br.
Honduras
MAR CARIBE
Guatemala
El Salvador
Nicaragua
Costa Rica
OCÉANO PACÍFICO
Panamá
Colombia
Venezuela

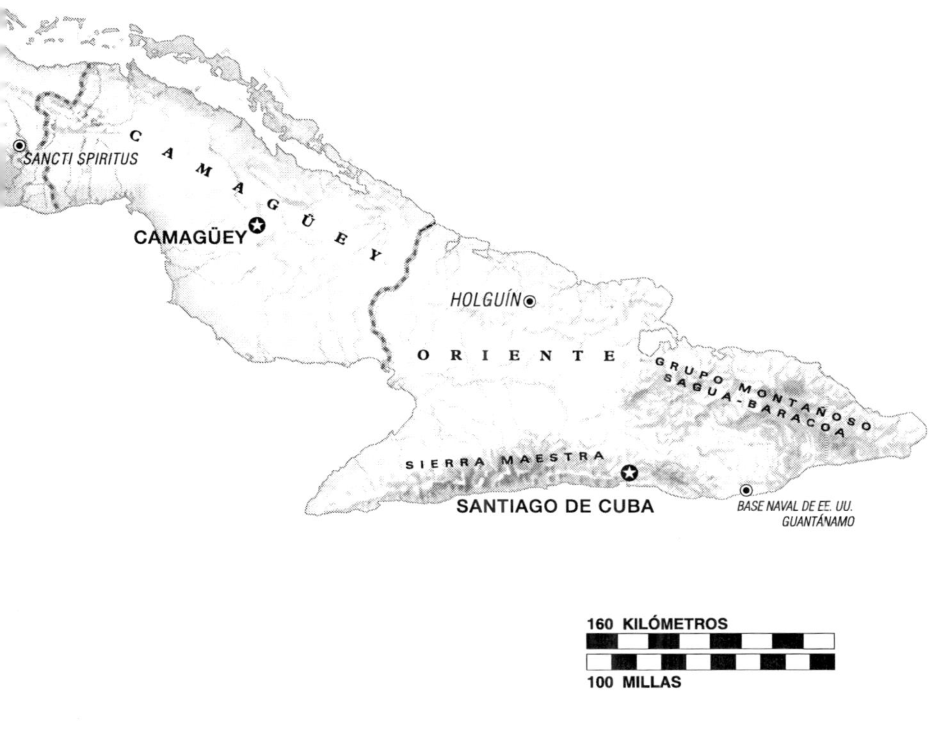
SANCTI SPIRITUS
C A M A G Ü E Y
CAMAGÜEY
HOLGUÍN
O R I E N T E
GRUPO MONTAÑOSO
SAGUA-BARACOA
SIERRA MAESTRA
SANTIAGO DE CUBA
BASE NAVAL DE EE. UU.
GUANTÁNAMO
160 KILÓMETROS
100 MILLAS

Cuba, 1959

MARTÍN KOPPEL/MILITANTE

Víctor Dreke, diciembre de 2001, La Habana.

Víctor Dreke

POR MEDIO SIGLO, Víctor Emilio Dreke Cruz ha sido un destacado protagonista en el movimiento revolucionario de Cuba: un activista estudiantil en la enseñanza secundaria; cuadro del Movimiento 26 de Julio y luego del Directorio Revolucionario 13 de Marzo; combatiente del Ejército Rebelde; uno de los jefes en la lucha contra las bandas contrarrevolucionarias en la sierra del Escambray de Cuba central; combatiente internacionalista en el Congo, República de Guinea y Guinea-Bissau; dirigente y educador político; y representante de la Revolución Cubana en África.

Nacido en 1937 en Sagua la Grande, en la antigua provincia de Las Villas (hoy Villa Clara), Víctor Dreke inició su actividad revolucionaria en 1952, cuando salió a las calles para protestar contra el golpe de estado realizado por Fulgencio Batista con el apoyo de Washington. En 1954 se unió al Movimiento Juvenil de la Federación Regional Obrera Número 3 en Sagua, donde se desempeñó como secretario estudiantil. Fue también presidente de la Asociación de Estudiantes en su escuela secundaria y miembro del Comité de Solidaridad con Guatemala, el cual protestó contra el derrocamiento del gobierno de Jacobo Arbenz organizado por Washington en 1954.

En 1955 apoyó de forma activa una huelga librada por 200

mil trabajadores azucareros, durante la cual los participantes y sus partidarios prácticamente ocuparon varios pueblos en la provincia de Las Villas, donde se concentró la acción. También participó en actividades de apoyo a huelgas de empleados bancarios y maestros.

Habiéndose unido al Movimiento 26 de Julio tras su fundación en junio de 1955, Dreke pasó a ser jefe de una célula de acción y sabotaje en Sagua la Grande. En mayo de 1957 dirigió una huelga estudiantil. Después del Asalto al Palacio Presidencial el 13 de Marzo de 1957 en La Habana participó en Sagua en la fundación de una organización que se denominó Movimiento 13 de Marzo. Este se nutrió con estudiantes, obreros y algunos jóvenes colaboradores del Movimiento 26 de Julio, pero la mayoría de sus integrantes procedían del Movimiento Juvenil de la Federación Regional Obrera. Para finales de 1957 tuvo que pasar a la clandestinidad debido a la represión de la dictadura.

A comienzos de 1958, Dreke se integró a los comandos "José Antonio Echeverría" y "13 de Marzo" del frente guerrillero del Directorio Revolucionario en el Escambray. En octubre de ese año, esas fuerzas pasaron al mando de Ernesto Che Guevara. Dreke participó en numerosos enfrentamientos y batallas, y fue herido en combate en Placetas. Entre otras acciones, participó en las tomas de Báez, Manicaragua y Santa Clara, como segundo jefe del comando "Ramón Pando Ferrer". Terminó la guerra con el grado de capitán del Ejército Rebelde.

En los meses posteriores al triunfo revolucionario en 1959, Dreke asumió numerosas responsabilidades: fiscal de los tribunales revolucionarios en Sagua; jefe de policía en esa ciudad; jefe de compañía de la Fuerza Táctica de Occidente; jefe del Escuadrón 35 de la Policía Rural Revolucionaria; y jefe de pelotón del Ejército Rebelde en el Escambray, donde persiguió a una de las primeras bandas contrarrevolucionarias en esa zona.

En 1960 fue jefe del escuadrón del Ejército Rebelde en Cruces. Ese mismo año encabezó una escuela en Hatillo para entrenar milicianos para la primera "limpia" en el Escambray. En esa operación fue jefe de escuadra, de compañía y de batallón en Las Villas, Cienfuegos, Camagüey, Oriente y La Habana. En abril de 1961, dirigió dos compañías del Batallón 117 en la batalla de Playa Girón, donde se derrotó la invasión mercenaria organizada por Washington en Bahía de Cochinos. Fue herido en combate. En 1962 fue ascendido al grado de comandante.

Cuando en 1962 se constituyeron las unidades especiales de Lucha Contra Bandidos para completar la labor de aplastar a las bandas contrarrevolucionarias apoyadas por Washington, Dreke fue jefe de operaciones de LCB en el Escambray, donde se concentraban los bandidos. Fue segundo jefe de LCB dentro del Ejército Central. Siguió desempeñando esas responsabilidades hasta enero de 1965; para entonces, los últimos grupos de bandidos habían sido liquidados o capturados.

Desde abril hasta noviembre de 1965, Dreke fue segundo jefe, bajo el mando de Che Guevara, de los combatientes internacionalistas cubanos en el Congo. Los voluntarios fueron a esa nación a solicitud de dirigentes del movimiento de liberación nacional que eran seguidores de Patricio Lumumba, el líder de la lucha independentista congolesa asesinado. La tarea de la columna cubana era ayudar a entrenar allí a las fuerzas que combatían las tropas proimperialistas y mercenarias.

De regreso en Cuba, fue jefe de una unidad militar de preparación de voluntarios internacionalistas. Retornó a África en 1966–68 para encabezar la misión militar cubana en Guinea-Bissau —que a la sazón luchaba por su independencia de Portugal— y en la República de Guinea. Luego que Guinea-Bissau ganara su guerra de independencia, Dreke nuevamente encabezó la misión militar allí en 1986–89.

Al fundarse el Partido Comunista de Cuba, Dreke ayudó a organizar unidades del partido dentro de las Fuerzas Armadas Revolucionarias. Fungió como miembro del Comité Central del partido, 1965–75. En 1969, Dreke fue jefe de la Dirección Política del ministerio de las FAR.

En 1973 fue nombrado jefe provincial del recién formado Ejército Juvenil del Trabajo en Oriente. Compuesto por unidades voluntarias de jóvenes reclutas del ejército, el EJT trabajaba en el campo cubano en los proyectos de desarrollo agrícola más difíciles y desafiantes.

Se graduó en 1972 de la Academia Militar "Máximo Gómez" de las Fuerzas Armadas Revolucionarias en la especialidad de política. Pasó varios cursos militares y en 1981 se recibió de derecho de la Universidad de Santiago de Cuba.

En 1990, ostentando el grado de coronel en las Fuerzas Armadas Revolucionarias, Víctor Dreke pasó del servicio militar activo a la reserva. Desde entonces ha sido representante en África de ANTEX y después de UNECA, dos corporaciones cubanas dedicadas al comercio y a la construcción de viviendas, escuelas, carreteras y otros proyectos de desarrollo.

Actualmente es también vicepresidente de la Asociación de Amistad Cuba-África y miembro de la Asociación de Combatientes de la Revolución Cubana.

Ha recibido numerosas condecoraciones tanto en Cuba como en África.

CORTESÍA DE VÍCTOR DREKE

Víctor Dreke es felicitado por el Comandante en Jefe Fidel Castro tras haber sido ascendido a Primer Comandante, a comienzos de la década de 1970. El Ministro de las Fuerzas Armadas Revolucionarias Raúl Castro está a la derecha.

Armando Entralgo es director del Centro de Estudios sobre África y Medio Oriente (CEAMO) en La Habana. Nacido en Trinidad, Cuba, en 1937, estuvo activo en el movimiento estudiantil de secundaria y universitario contra la dictadura batistiana en la década de 1950, y fue un cuadro del Directorio Revolucionario 13 de Marzo en la clandestinidad. En 1965 fue uno de los miembros fundadores del Partido Comunista de Cuba. Junto al revolucionario argentino Jorge Ricardo Masetti, en 1959 Entralgo ayudó a fundar Prensa Latina, la agencia internacional cubana de noticias, y fue jefe de su buró de África en 1966. Fungió como embajador de Cuba ante Ghana (1963–66), donde acogió a Malcolm X durante la gira que éste realizó en 1964 por África. Entralgo ha sido también embajador ante Tanzania (1994–98). Fue director (1982–94) del Centro de Estudios sobre África y Medio Oriente en el Ministerio de Relaciones Exteriores.

Entralgo ayudó a establecer, y ha sido titular, de la Cátedra de Historia de África y el Medio Oriente de la Universidad de La Habana, y tiene un doctorado en estudios africanos de la Universidad de Leipzig. Es autor de numerosos artículos y libros sobre África, Medio Oriente y América, incluido entre ellos más recientemente el texto sobre historia africana utilizado en la televisada Universidad Para Todos, en la que imparte un curso en que participan grandes cantidades de cubanos. Es un vicepresidente de la Asociación de Amistad Cuba-África.

Prólogo

En este breve prólogo a la entrevista con el comandante Víctor Dreke —*De la sierra del Escambray al Congo: En la vorágine de la Revolución Cubana*—, solamente avanzaré algunos comentarios y observaciones que pudieran servir para profundizar en el siempre abierto diálogo entre la Revolución Cubana y el movimiento de liberación nacional en África, con particular énfasis en el Congo ex belga.

Sin embargo, quisiera empezar por Cuba, con los temas lucha contra la dictadura y Lucha Contra Bandidos. Como escribe Mary-Alice Waters en su introducción, Dreke fue uno de esos "jóvenes de disposición rebelde" que en muchos lugares del mundo se identificaría con los seguidores del Comandante Fidel Castro, sobre todo por la forma en que estos respondieron a sus condiciones concretas de existencia, luchando por un mundo más justo en que se pudiese cambiar dichas condiciones concretas de existencia.

Esa sociedad injusta había sido impuesta por el dictador Batista desde su golpe de estado del 10 de marzo de 1952. ¿Qué era la sociedad cubana de ese momento? "Una estación de policía es nuestro país, con un sargento atrevido a su cabeza". Las palabras de José Martí para las condiciones coloniales del siglo XIX, parecían igual de ciertas en 1952.

Dreke caracteriza a esos rebeldes como si lo hiciera consigo mismo: se trata de jóvenes dispuestos a morir por su tierra, aunque poco o nada supieran de revolución ni cosa que se le parezca, dice con cierta ironía. En ese mundo nuevo que avizoraba, lleno de esperanzas —que rápidamente comenzaría a generalizarse hasta por los más apartados rincones de la isla—, la lucha contra el racismo y otras discriminaciones oprobiosas atrajo la atención de Dreke y de todos los verdaderos revolucionarios, al margen de su origen racial. De nuevo la influencia martiana se hacía presente: "Cubano es más que blanco, más que negro, más que mulato. Dígase cubano y se ha dicho todo".

La meta más repetida y exigida por los jóvenes —y también por los de mayor experiencia—, era la de la unidad en la acción de todos los enemigos de la dictadura. La prédica unitaria encontraría en Víctor Dreke un militante convencido desde las primeras actividades clandestinas, como las estudiantiles, sindicales y otras más. Dreke comprendería rápidamente lo que la división y el sectarismo podrían representar para la lucha revolucionaria.

Un dramático ejemplo tuvo por escenario las montañas del Escambray, al iniciarse la actividad guerrillera en esa región a finales de los años cincuenta. Al llegar con su columna al área, el comandante Ernesto Che Guevara fue capaz de unificar el mando con relativa rapidez, bajo la dirección del Movimiento 26 de Julio y coordinar las acciones con organizaciones probadamente revolucionarias, como el Directorio Revolucionario 13 de Marzo y las guerrillas del Partido Socialista Popular. No fue así con el autotitulado y faccionalista Segundo Frente del Escambray, el cual no era otra cosa que un grupo de bandas mal armadas de seudo guerrilleros entregados abiertamente al pillaje contra la población campesina, obligada a entregarles alimentos y otros servicios sin pago alguno. En caso de negarse, el campesino podría ser asesinado. Después de terminada la guerra contra Batista, estos antecedentes del Segundo Frente fueron los métodos utilizados entre 1959 y 1965 por los bandidos del Escambray.

Este largo "entrenamiento" con bandidos en esas montañas parcialmente hostiles fue una verdadera escuela de contrainsurgencia para un militar disciplinado pero creativo a su modo, como Dreke. ¿Cómo podía ser distinto bajo situaciones creadas por la CIA con sus bandidos más capaces? Dreke efectivamente incorporó luego esas experiencias con máximo rendimiento, continuando así el desarrollo de su carrera en uniforme de pueblo, como diría Camilo Cienfuegos. No olvidar que para muchos cubanos, la LCB constituye el capítulo más largo y sangriento del enfrentamiento clasista directo entre revolución y contrarrevolución. Al dividirse familias y vecinos, y coincidir con el inicio del primer programa campesino de la Revolución Cubana, la lucha fue inevitablemente traumática.

Del fin de la dictadura batistiana y luego, casi acto seguido, de las actividades de bandidos en el Escambray, paso ahora al Congo, "Corazón de Tinieblas", como lo trató Joseph Conrad en una memorable novela sobre los horrores de los colonizadores belgas o "El soliloquio del Rey Leopoldo", como lo viera el gran humanista norteamericano Mark Twain.

Ocho meses de 1965 estaría Dreke en el Congo como segundo al mando del Che. Si su historia anterior justificaba plenamente que se le designara para secundar al Che, su actuación junto a él puede calificarse ampliamente de su acto de graduación: en lo militar brilló como estratega afilado y listo para enfrentar las más difíciles acciones, en una región del mundo que conocía por primera vez.

La presencia del Che había obligado a los internacionalistas cubanos a situarse en el terreno de la geopolítica y de la guerra fría, mucho más que en el de la ayuda a la liberación nacional de aquel imposible y sumamente vulnerable país, que ha sido el Congo desde los años sesenta hasta hoy.

Los partidarios de Patricio Lumumba habían comenzado un año antes una nueva sublevación, con el fin de recuperar fuerzas en sus bastiones del este congoleño. Pero, al parecer, incapaces de organizarse a fondo, de sobrepasar viejos y enconados conflictos interétnicos, volverían a ser derrotados como se había dicho en los pronósticos de la densa información emanada de los más de 100 a 150 partidillos congoleños. Contra los lumumbistas se interpuso una barrera. Si bien estaban fragmentados en el interior, desde el exterior tuvieron que enfrentar a una buena cantidad de mercenarios de toda patria posible, armamento moderno, recursos financieros y, sobre todo, la decidida hostilidad de los medios de difusión occidentales.

En pos de la ayuda cubana acudieron otras fuerzas que podrían ser un tanto mejores en el orden de la colaboración militar y política, pero sobre las cuales tampoco se sabía gran cosa. Finalmente, con el único propósito de ayudar a los antiimperialistas congoleños y a las fuerzas progresistas del África, en una coyuntura que se estimó positiva, el gobierno de Cuba decidió responder afirmativamente a la petición de la parte congolesa, en lo relativo al entrenamiento. La dirección revolucionaria de Cuba, martiana y marxista, estimaba su deber obrar así. Patria es Humanidad. Había que ayudar al África frente a la dominación imperialista, que en su forma neocolonial tenía en ese continente objetivos similares a los que perseguía en el resto del Tercer Mundo. La lucha de la Revolución Cubana se expresaba en el apoyo a los movimientos de liberación y a favor de la independencia de todos los pueblos.

Los principales planteamientos que van integrándose al discurso político de Dreke se basan en la profunda e histórica unidad entre la lucha contra Batista —protector de los intereses yanquis de todo tipo en Cuba—, la lucha contra los bandidos del Escambray y la CIA, y la solidaridad con África por su liberación anticolonial y antirracista, vinculada también a la lucha en Asia y en América Latina. En 1960–61, la causa del dirigente político congoleño Patricio Lumumba y de los guerrilleros lumumbistas en el ensangrentado Congo Kinshasa había devenido símbolo espontáneo de esas luchas. Con su conducta y sus ideas el comandante Víctor Dreke se fortaleció en el heroísmo cotidiano que demandaban esas causas.

Los planteamientos de Dreke sobre el episodio de los internacionalistas cubanos en el Congo y su propio papel son importantes.

"Han pasado 34 años desde aquello", dice. "Cada vez que me entrevistan sobre este aspecto busco la forma de, primero, decir siempre la verdad. Segundo, no crear confusiones. Y tercero, no crear divisiones. Porque pienso que todo lo que nos divide es malo. Tenemos que unirnos".

El vocabulario que usa Dreke para explicar la historia de esos días en el Congo es fuerte y directo, pero respetuoso. Es de la opinión de que, tomando en cuenta el estricto sentido del deber de Guevara, éste se echa encima culpas que son de otros. El énfasis recae en la importancia de la honradez y la modestia ante los hechos, así como ante los propios méritos; la verdad debe decirse sin tapujos pero sin arriesgar otros importantes aspectos derivados de la necesidad de cuidar la unidad.

En ese plano siempre ha sido destacable la actitud de Dreke y de ahí su gran prestigio dentro de las tropas y los oficiales, dentro de los órganos de dirección del partido. De gran relieve es asimismo la constante labor de Víctor Dreke en numerosas misiones a países de la región, en los cuales está visto con justeza como hermano leal de los africanos. Su expediente en el trabajo de colaboración con África está lleno de hechos, de solidaridad de variada factura. Por estas y otras razones, Víctor es, desde hace muchos años, vicepresidente de la Asociación de Amistad Cuba-África.

■

Víctor Dreke, como todos los cubanos de la isla, tiene una sensibilidad especial ante la coincidencia del triunfo de la Revolución Cubana en enero de 1959, con el de la evolución del movimiento de descolonización de África. Mientras la revolución se desarrollaba aquí en Cuba, en África unos 17 países adquirían su independencia solo en 1960, y nueve más lo harían para 1965, el mismo año en que se eliminó a los últimos bandidos del Escambray.

Mirémoslo desde dos puntos geográficos: la independencia de los africanos posibilitó el conocimiento recíproco. Al decursar de los años sesenta, mientras Cuba emergía del neocolonialismo, la mayoría de los estados africanos se verían forzados a sustituir una realidad colonial por otra neocolonial. Por esas y otras razones, incluso los sistemas sociales de nuestros respectivos países, fue que Cuba supo más de África en esos años que lo que se supo en América Latina. Y en África casi nadie aprendió gran cosa sobre los países latinoamericanos.

El fracaso de la expedición del Che al Congo —tal como analiza él mismo en su libro—, no es menos cierto, como bien dice Dreke, que el de varias personas en distintas partes del mundo quienes han tratado de "registrar" el famoso episodio que encabezó el Che. Al cabo de las indagaciones, algunos de ellos produjeron trabajos y visiones que en determinados capítulos llegaban a resultar tremendamente contradictorios.

Pero, si se trata de una ponderada evaluación de lo logrado, en el terreno político, por los luchadores de los movimientos de liberación nacional entre el episodio del Che en 1965 en el Congo y nuestros días, ahí están Angola, Mozambique, Zimbabwe, Namibia y, en lo más alto, Sudáfrica. Hace 20 años uno no hubiera pensado que la liberación de Sudáfrica y la derrota del apartheid eran algo realmente posible. Recordemos todos que en esa victoria, el pueblo sudafricano contó con la ayuda de combatientes como los de Cuito Cuanavale.

Creo que hoy la historia da constancia de que la victoria es del Che y de sus internacionalistas.

Armando Entralgo
Enero de 2002

CORTESÍA DE VÍCTOR DREKE

Combatientes internacionalistas cubanos y de otros países en el Congo, 1965. De pie, desde la izquierda: Ramón Armas (Azima), Savigne Medina (Singida), José María Martínez Tamayo (Mbili), Aldo Margolles (Uta), Víctor Dreke (Moja), Esmérido Zamora (Asmari), Martín Chibás (Ishirini), Catalino Olachea (Mafu), Carlos Coello (Tuma), Mariano García Rodríguez (Arobo), y Domingo Oliva (Kimbi). En cuclillas: el haitiano Adrián Zanzali (Kasulo), el ruandés Jerome, y Justo Rumbaut (Mauro).

Mary-Alice Waters, autora de la introducción y redactora de este libro, es presidenta de la editorial Pathfinder y directora de la revista marxista *New International* (Nueva Internacional). Se integró al movimiento socialista en Estados Unidos a comienzos de la década de 1960 ante el impacto de la cada vez más extensa lucha de masas por los derechos del pueblo negro y las victorias que conquistaba el pueblo trabajador de Cuba conforme defendía su revolución socialista de los ataques de Washington. Ha sido miembro del Comité Nacional del Partido Socialista de los Trabajadores desde 1967.

Waters es la redactora de *Rosa Luxemburg Speaks* [Habla Rosa Luxemburgo] y de *Playa Girón/Bahía de Cochinos: Primera derrota militar de Washington en América* por Fidel Castro y José Ramón Fernández. Es autora, entre otros títulos, de *Marxismo y Feminismo* y "En defensa de Cuba, en defensa de la revolución socialista cubana". Waters ha redactado y escrito introducciones a *Pasajes de la guerra revolucionaria cubana, 1956–58* por Ernesto Che Guevara; *¡Qué lejos hemos llegado los esclavos!* por Nelson Mandela y Fidel Castro; *Haciendo historia: Entrevistas con cuatro generales de las Fuerzas Armadas Revolucionarias de Cuba; Pombo: Un hombre de la guerrilla del Che* por Harry Villegas; y numerosos libros más de discursos y escritos de dirigentes de la Revolución Cubana.

Introducción

"CUANDO ERA MUCHACHO, mi papá me decía, 'No te metas en nada'", recuerda Víctor Dreke.

"Mi papá no era batistiano, estaba en contra de Batista. Pero no creía en nadie. Me decía, 'No te metas en nada. Esto va a seguir igual que siempre. Ahora gana uno y después gana el otro, y siempre van a ser los que tienen dinero los que están en el poder. Estudia y prepárate y no te metas en huelgas ni en nada de eso, que no vas a llegar a ningún lado. Además, eso no es para los negros'.

"Ese era el criterio que tenía mi papá. Y creo que era el criterio de muchos negros en Cuba. Hasta el triunfo de la revolución.

"Por suerte no le hice caso".

La vorágine de acontecimientos de los primeros años de la Revolución Cubana, junto a los hombres y mujeres cuyas acciones cambiaron el curso de la historia, cobran vida en estas páginas a través del lujo de detalles en el relato de Dreke, y ofrecen pruebas de que "sí se puede". Las cosas no tienen por qué "seguir igual que siempre".

Los jóvenes de disposición rebelde en todas partes del mundo se identificarán fácilmente con Víctor Dreke y la forma en que respondió a las condiciones a su alrededor. Narra la forma en que él y miles de hombres y mujeres como él —trabajadores, agricultores, estudiantes, pequeños comerciantes y vendedores ambulantes, quienes aún eran adolescentes o apenas pasaban de los de 20 años de edad— sencillamente se pusieron a luchar por un mundo más justo tras el golpe militar del 10 de marzo de 1952, el cual instaló a la dictadura de Fulgencio Batista, apoyada por Washington.

El régimen batistiano pronto llegó a ser una de las tiranías más brutales que América Latina había conocido hasta entonces. "Estábamos dispuestos a morir" para tumbar a Batista, dice Dreke, pero "no sabíamos nada de revolución".

En su relato sobre lo fácil que resultó, tras la victoria de la Revolución Cubana en 1959, "quitar la soga" que durante décadas había segregado a los negros de los blancos en los bailes de las plazas centrales de los pueblos, y sin embargo lo enorme que fue la batalla para transformar las relaciones sociales que subyacían esa y las demás "sogas" heredadas del colonialismo, del capitalismo y de la dominación yanqui, Dreke capta el desafío histórico de nuestra época. Lo que sobresale en este libro es la voluntad, la decisión y el gozo creador con los cuales el pueblo trabajador de Cuba, por más de 40 años, ha defendido su trayectoria revolucionaria cuando se le ha enfrentado el imperio del Norte, potencia imperialista cuyos intereses vitales en todo el mundo se ven amenazados por la dinámica expansiva y el ejemplo continuo del nuevo orden de clases en Cuba.

Cuando la dictadura batistiana se derrumbó el primero de enero de 1959, ante la marea creciente de la resistencia popular de masas y los avances militares del pequeño Ejército Rebelde comandado por Fidel Castro, el gobierno norteamericano aceleró sus esfuerzos por defender la propiedad y los privilegios de la clase gobernante de Cuba junto con las vastas haciendas y los monopolios industriales que eran propiedad de empresas y familias acaudaladas norteamericanas.

Para asombro de Washington, al joven gobierno revolucionario no se le podía intimidar o comprar. Cada acto de agresión yanqui se topaba con más y más millones de trabajadores resueltos, tanto de la ciudad como del campo, que engrosaban las filas de la revolución y la impulsaban hacia adelante, transformándose así ellos mismos.

Había nacido el primer territorio libre de América.

Décadas más tarde, Washington no puede perdonar ni olvidar. Sigue haciendo los mayores esfuerzos para destruir el ejemplo vivo de los trabajadores y agricultores cubanos. Busca cada oportunidad para castigarlos por la audacia de haberse sacudido de encima la bota imperialista, de hacer una revolución a las puertas mismas de Washington, y de no arrodillarse ante el imperio ni aceptar sus reglas y definiciones.

El 26 de julio de 1953, cuando 160 resueltos opositores de la dictadura batistiana, en su mayoría jóvenes, asaltaron simultáneamente el cuartel Moncada en Santiago de Cuba y el "Carlos Manuel de Céspedes" en la vecina Bayamo, aún se hallaban, como Víctor Dreke, distantes de ser los comunistas conscientes que llegaron a ser en el transcurso de las luchas por venir. "El marxismo lo hemos aprendido en los libros, pero sobre todo lo hemos aprendido en la vida", dijo el presidente cubano Fidel Castro 12 años más tarde en una concentración de masas en Santa Clara.

Cuando el 26 de julio, ¿qué éramos?, preguntó. "Entre los libros que nos ocuparon cuando el ataque al Moncada estaban los libros de Martí y los libros de Lenin", apuntó Castro, pero ni él ni sus compañeros eran marxistas o leninistas. "Nos faltaba mucho por aprender, nos faltaba mucho por comprender todavía. Y si éramos capaces de comprender algunos de los principios esenciales del marxismo, la realidad de una sociedad dividida entre explotados y explotadores, si habíamos sido capaces de comprender el papel de las masas en la historia, todavía no habíamos elevado nuestra conciencia y nuestra cultura revolucionaria lo suficiente para comprender, en toda su profundidad y su magnitud, el fenómeno del imperialismo… Lo aprendimos en nuestras propias carnes".

A través de los ojos y las experiencias de Dreke observamos el desarrollo de las luchas de clases que definen la historia. Al seguir los hilos de su narrativa llegamos a comprender cómo millones de personas como él se vieron transformadas, de jóvenes revolucionarios inexpertos aunque impávidos, en experimentados dirigentes proletarios de un pueblo que, por casi medio siglo, se ha mostrado capaz de desafiar las demandas y las multifacéticas agresiones de los gobernantes yanquis.

Y vemos tanto el perfil como el alcance de las batallas revolucionarias de clases que están por venir en toda América y por todo el mundo.

■

De la sierra del Escambray al Congo: En la vorágine de la Revolución Cubana abre una ventana a uno de los capítulos de la lucha revolucionaria en Cuba que, más allá de ese país, no se conocen ni se comprenden bien. Narra parte de la historia de una batalla de más de seis años para eliminar las bandas contrarrevolucionarias apoyadas por la CIA: los "bandidos", según los llegaron a denominar los cubanos por toda la isla. Aunque los bandidos realizaron operaciones desde una punta del país hasta la otra, sus acciones se concentraron en la sierra del Escambray, en la provincia de Las Villas en Cuba central.

Durante los primeros años de la Revolución Cubana, el gobierno norteamericano armó, entrenó, apoyó y financió a casi 4 mil bandidos, nucleados en 299 grupos. Fueron instrumentos de una política de sabotaje y terror destinada a agotar los recursos y a desmoralizar a los partidarios de la revolución.

La primera banda contrarrevolucionaria apareció en 1959 en la provincia de Pinar del Río, en el extremo occidental de la isla. El último grupo de bandidos fue eliminado en 1965 en la provincia central de Camagüey. Sin embargo, más de la mitad de esas fuerzas contrarrevolucionarias realizó sus operaciones en el Escambray, donde más de 2 mil resultaron muertos o capturados, y donde 295 defensores de la revolución —casi el doble de los que cayeron en Playa Girón— perdieron la vida en la lucha para liquidar a los bandidos.

Víctor Dreke fue jefe en la región del Escambray de los batallones especiales de Lucha Contra Bandidos (LCB), unidades de trabajadores y campesinos creadas por las Fuerzas Armadas Revolucionarias. Fue segundo jefe de LCB en el Ejército Central.

Situado en el centro de la isla, el Escambray es una extensa zona montañosa donde son difíciles las comunicaciones. Sin embargo, los factores políticos fueron más decisivos que los geográficos cuando Washington escogió el Escambray como base de operaciones contrarrevolucionarias.

Según explica Dreke, la lucha revolucionaria contra la dictadura de Batista llegó tardíamente al Escambray, zona caracterizada por mucho tiempo por la tiranía mezquina, la corrupción y el bandidaje. La columna guerrillera creada por el Directorio Revolucionario 13 de Marzo, el cual se formó con los estudiantes, comenzó sus operaciones en febrero de 1958, más de un año después de haberse iniciado la guerra revolucionaria contra la dictadura batistiana en la Sierra Maestra al oriente del país. La columna del Ejército Rebelde encabezada por Ernesto Che Guevara llegó a Las Villas a mediados de octubre, apenas 10 semanas antes de la caída de la tiranía, y unificó, bajo el mando de Guevara, a las fuerzas revolucionarias en la zona. En los territorios controlados por los rebeldes, la Orden Militar No. 1, emitida por Guevara el 8 de noviembre, inició la reforma agraria en Las Villas, pero hubo poco tiempo para extenderla o para ampliar el trabajo político revolucionario con los campesinos de la región antes del triunfo del primero de enero.

Un hecho que complicaba los desafíos políticos en el Escambray era la existencia de otro grupo armado que se presentaba como parte de las fuerzas que combatían a la dictadura. Establecido inicialmente por el Directorio Revolucionario y conocido como el Segundo Frente Nacional del Escambray, en gran medida terminó juntando a toda una sarta de aventureros oportunistas y de ambiciosos en busca de poder que volvieron a los campesinos en su contra al confiscarles animales y cultivos, robarles provisiones a las familias, violar mujeres y aterrorizar a quienes se resistieran. Después de ser expulsado por el Directorio Revolucionario, el Segundo Frente Nacional continuó sus operaciones en la región.

Las revoluciones se desarrollan de manera desigual. Las iniquidades entre la ciudad y el campo, así como las desigualdades sociales, económicas y de otra índole, establecidas históricamente de una región a otra —y las combinaciones únicas de todas estas herencias— son un legado de las relaciones capitalistas y de la explotación imperialista.

Una prueba decisiva para todo liderazgo es su capacidad de emplear el poder estatal para comenzar a corregir esa disparidad. Según explicó el presidente cubano Fidel Castro en un discurso que pronunció en Matanzas en el 35 aniversario de la derrota de la invasión organizada por Washington en Bahía de Cochinos en 1961, el enemigo escogió el Escambray porque "era débil políticamente el Escambray".

Las bandas contrarrevolucionarias allí "tenían cierto apoyo campesino", señaló Castro, "minoritario, pero apoyo: sería un 10 por ciento, un 15 por ciento o un 20 por ciento, nadie podría asegurarlo con exactitud. Pero allí la guerra se había desarrollado en forma diferente a la de la Sierra Maestra. No se produjo el intenso trabajo político que se había producido en las provincias orientales. Se habían cometido, incluso, algunos abusos por parte de algunos de los grupos que estaban en esa zona".

En su momento álgido, antes de Playa Girón, señaló Castro, las fuerzas contrarrevolucionarias "llegaron a tener hasta mil hombres armados en el Escambray, que eran expertos en evadir las fuerzas. No los voy a llamar cobardes; puede haber gente equivocada y muy equivocada que incluso disponga de valor personal, no de moral personal; no hay que subestimar al enemigo.

"Pero aquellos eran al revés que nosotros en la Sierra [Maestra]. Nosotros en la Sierra siempre estábamos a la ofensiva, organizando emboscadas, organizando golpes, y aquellos en el Escambray estaban siempre huyendo de las tropas revolucionarias". Estaban "esperando para que viniera la invasión yanqui", dijo Castro.

A fines de 1960, según relata Dreke, el mundo entero sabía que más temprano que tarde llegaría un desembarco de fuerzas entrenadas por Washington. La dirección revolucionaria decidió llevar a cabo lo que se llegó a conocer como la primera "limpia" para eliminar a las bandas contrarrevolucionarias que estaban siendo preparadas como quinta columna.

"El ejército revolucionario movilizó las milicias, cercó todo el Escambray, situó una escuadra de milicianos en cada casa", dijo Castro ante una concentración el 19 de abril de 1965. Los milicianos "fueron con la cartilla para enseñar a leer y escribir a los campesinos, [y] fueron no solo con la disposición de combatir, sino que muchos de ellos se pusieron allí a trabajar y a ayudar a los campesinos. Y la revolución movilizó a 50 mil hombres... Liquidamos [los centros de la contrarrevolución] antes de la invasión de Girón".

Tras la derrota aplastante de la invasión mercenaria en Bahía de Cochinos en abril de 1961, la administración de Kennedy nuevamente empezó a desarrollar las bandas contrarrevolucionarias en el Escambray. Los bandidos lograron ganar el apoyo de una capa del campesinado porque en esa región, acciones realizadas en nombre de la revolución fueron en realidad contrarias a políticas nacionales que se aplicaban en otras partes del país, reflejo de un desafío político más amplio en el seno de la revolución. Bajo el pretexto de realizar la reforma agraria y de eliminar el apoyo a la contrarrevolución por parte de un sector de agricultores ricos en la región, algunos dirigentes del nuevo gobierno y del Ejército Rebelde en las zonas de Las Villas y de la provincia vecina de Matanzas confiscaron cultivos e ilegalmente expropiaron fincas.

Estas acciones eran "métodos reñidos con la legalidad revolucionaria", dijo Carlos Rafael Rodríguez, entonces director del Instituto Nacional de Reforma Agraria (INRA), en un informe publicado en el número de mayo de 1963 de *Cuba Socialista*. Rodríguez explicó que la resistencia de pequeños y medianos productores a estas medidas en 1961 condujo a una "baja sensible en las siembras y la comercialización de productos, que se sintieron a lo largo de todo 1962". Después de Playa Girón, apuntó, "la CIA y sus agentes trataron de fortalecer las bandas contrarrevolucionarias que ya habían recibido un golpe decisivo cuando la batida del Escambray". En respuesta, dijo, el gobierno revolucionario "dispuso que se expropiara a todos los que prestaban ayuda directa a la contrarrevolución y a aquellos terratenientes de 15 a 30 caballerías que les prestaran una ayuda indirecta o de algún modo promovieran actitudes contrarrevolucionarias". Rodríguez agregó:

> Pero Fidel, al normar esa política de la Dirección Nacional, precisó muy bien que todas esas medidas debían tomarse con la participación y consulta de los campesinos pobres y medios, en reuniones de la ANAP [Asociación Nacional de Agricultores Pequeños] y sin lastimar a esa gran parte del campesinado.
>
> Sin embargo, es notorio que se cometieron serios errores, principalmente en la provincia de Matanzas. No se respetó la legalidad revolucionaria. Se golpeó indiscriminadamente a pobres y ricos, sin tomar en cuenta todas las circunstancias de cada caso. En vez de discutir con los campesinos mismos para determinar las medidas que debían tomarse, en muchos lugares se convocó principalmente a los obreros agrícolas, los que, llevados solamente por su sentimiento de clase, impulsaron en todo momento hacia la expropiación.

Hasta que se destituyó a los cuadros dirigentes responsables de esos abusos de política, a principios de 1962, y hasta que fueron restablecidas las políticas del gobierno revolucionario encaminadas a reforzar la alianza entre los trabajadores y los agricultores, el descontento entre importantes capas del campesinado le brindó un espacio político a las bandas contrarrevolucionarias.

"El enemigo aprovecha nuestras debilidades", dijo Castro en un discurso dado en abril de 1962 ante una reunión de la dirección y publicado el mes siguiente en *Cuba Socialista*. "Pero ninguna radio enemiga, ninguna campaña enemiga prosperará donde no tenga base para prosperar, donde no haya mucha gente agraviada, descontenta, disgustada, no ya con la injusticia que le hayan hecho a él, sino con la injusticia que vio hacer a otro y que piensa que mañana se la pueden hacer a él".

La dirección revolucionaria rectificó el curso y fortaleció el trabajo político en todo el Escambray, según describe Dreke de forma detallada en estas páginas. Sobre el frente militar, dijo Castro en un mitin el 19 de abril de 1965, "adoptamos otra táctica" después de la victoria de Playa Girón. En vez de movilizar a decenas de miles de tropas milicianas de todas partes del país, como se había hecho para la primera limpia —lo cual se tuvo que hacer rápidamente debido a la invasión que se avecinaba— la revolución organizó batallones de Lucha Contra Bandidos. Integrados por campesinos y trabajadores de la zona, los batallones de LCB "barrieron prácticamente [a los bandidos] del mapa, los buscaron en las cuevas donde se metían, en los camouflages, en los huecos, y los pusieron fuera de combate".

Al concluirse exitosamente la batalla por erradicar las bandas contrarrevolucionarias en Cuba, "el imperialismo recibió una lección no menos importante que la que recibió en Playa Girón", dijo Castro unos meses más tarde ante una multitud entusiasta en Santa Clara, el 26 de julio de 1965, al celebrar la captura de los últimos grupos de bandidos. Washington descubrió que las guerrillas contrarrevolucionarias no podían prevalecer contra los trabajadores y campesinos de Cuba, movilizados para defender una trayectoria revolucionaria que reforzaba la alianza de trabajadores y agricultores, y dotados de un liderazgo comunista que por sus acciones se había ganado la confianza de las masas del pueblo trabajador. No se trataba principalmente de tácticas militares, sino de política revolucionaria de clase en la época imperialista. "Los imperialistas se preguntarán", dijo Castro,

> ¿Cómo es posible, con los millones de pesos que se han gastado, con las miles y miles de armas que lanzaron e introdujeron en el país, cómo es posible que, sin

> movilizar más combatientes que los propios combatientes de la región montañosa de Las Villas, sus bandas contrarrevolucionarias hayan sido aniquiladas?
>
> La lucha guerrillera es un arma formidable, pero como arma revolucionaria. La lucha guerrillera es un arma formidable para luchar contra la explotación, para luchar contra el colonialismo, para luchar contra el imperialismo, pero la lucha guerrillera jamás será instrumento adecuado ni útil a la contrarrevolución, a los imperialistas, para luchar contra los explotados, para luchar contra el pueblo. Y esperamos que esa lección la hayan aprendido bien...
>
> Y además, si la lección no la han aprendido, ¡mantendremos organizados a nuestros Batallones de Lucha Contra Bandidos!... Pero además, los campesinos están organizados allá en las montañas, constituidos en compañías serranas, igual que los campesinos de la provincia de Oriente, entrenados y armados de manera que nuestras montañas constituyen bastiones impenetrables para el enemigo.

■

De la sierra del Escambray al Congo también abre una ventana a otro capítulo de la Revolución Cubana sobre el cual, hasta hace poco, no se había escrito mucho: la misión internacionalista de 1965 cumplida por 128 voluntarios cubanos, encabezados por el dirigente revolucionario cubano de origen argentino Ernesto Che Guevara, para ayudar a la lucha de liberación nacional en el Congo.

En abril de 1999 se publicó por primera vez la evaluación que hizo Guevara de esa misión, escrita unos 33 años antes. Al escribir *Pasajes de la guerra revolucionaria: Congo,* Che se valió del diario de campaña que había mantenido durante toda la misión. Él sometió "sus notas de la contienda a un análisis crítico y profundo", escribió Aleida Guevara March en su prólogo de 1998 al libro de su padre. Ella destacó que "Che es crítico, directo y pretendía que este documento permitiera analizar los errores cometidos para no volver a incurrir en ellos".

Al publicarse el texto íntegro tal como lo redactó Che, se cumplió "un gran compromiso con la historia", dijo Aleida Guevara, puesto que en México y en Francia ya habían aparecido extensos fragmentos de otras versiones "que se corresponden con las primeras transcripciones redactadas por el Che".

La columna de voluntarios cubanos fue al Congo en 1965 a solicitud de dirigentes del movimiento de liberación nacional en ese país y con el acuerdo de numerosos gobiernos africanos. Su objetivo era brindar entrenamiento militar y combatir junto con la alianza precaria de fuerzas que formaban parte del movimiento que había apoyado al asesinado líder independentista congolés Patricio Lumumba. Luchaban para impedir la consolidación de un régimen semicolonial apoyado por el sanguinario ex amo colonial de ese país, Bélgica, y por el gobierno imperialista norteamericano. Allí se habían llevado fuerzas mercenarias blancas de Sudáfrica y de Rodesia para efectuar gran parte de los combates.

Víctor Dreke fue el segundo al mando de la columna de Che en el Congo. Como dice en esta entrevista, realizada en La Habana unos meses después de publicarse el libro de Guevara, "tengo esa responsabilidad, ese deber histórico de ayudar a contar esta historia". A diferencia de Che, quien murió en Bolivia menos de dos años después de la misión al Congo, Víctor Dreke puede enmarcar la experiencia en una perspectiva histórica mucho más larga.

La "Advertencia preliminar" de Guevara a *Pasajes de la*

guerra revolucionaria: Congo (publicado en inglés bajo el título inexacto de *The African Dream: The Diaries of the Revolutionary War in the Congo* [El sueño africano: los diarios de la guerra revolucionaria en el Congo]), comienza con la afirmación, "Esta es la historia de un fracaso". Si el relato tuviese importancia alguna, escribió Che, "es la de permitir extraer experiencias que sirvan para otros movimientos revolucionarios".

Guevara fue intransigente e inequívoco en su juicio, apunta Dreke. Y no es que Che se haya equivocado en esos momentos. "Todo lo que el Che escribió en el libro —a lo que no se le cambió ni una coma— fue así, se desarrolló como el Che dice". Pero "deja abierto el margen para que después opinen otros sobre esto y que se analice con el tiempo esta situación".

Hoy día "el Che haría otro análisis de eso", insiste Dreke. "Estoy totalmente seguro. Seguiría diciendo que teníamos que haber ganado. Que estábamos peleando para ganar y no ganamos. Hay cosas que ven en el libro de las que el Che se echa la culpa, pero que cuando usted analiza, el Che no tiene culpa ninguna... Ciento veintiocho hombres no pueden cambiar las características de un país en África".

Al mismo tiempo que se realizaba la misión voluntaria dirigida por Guevara, otra columna de internacionalistas cubanos —encabezada por Jorge Risquet y Rolando Kindelán— se encontraba a varios cientos de millas al oeste, en el Congo-Brazzaville, apoyando unidades milicianas populares en ese país y ayudando a entrenar y equipar combatientes del Movimiento Popular para la Liberación de Angola. El MPLA, según se le conocía, había abierto poco antes un nuevo frente contra los colonizadores portugueses, quienes aún gobernaban grandes extensiones de África austral. Dreke, al igual que Aleida Guevara en su prólogo a *Pasajes de la guerra revolucionaria: Congo,* explica que las lecciones derivadas de estas primeras misiones internacionalistas en África subsahariana sentaron las bases para los esfuerzos voluntarios que se realizaron exitosamente durante los siguientes 25 años en Guinea-Bissau, Angola, Mozambique, Etiopía y otros países.

La más decisiva de todas fue la misión de Angola, que comenzó 10 años más tarde, en noviembre de 1975, cuando el régimen supremacista blanco en Sudáfrica, con el apoyo de hecho brindado por Washington, invadió ese país en un intento de impedir que el pueblo angolano realizara los frutos de su independencia, arduamente conquistada de Portugal, la última potencia europea que mantuvo colonias en el continente. La operación concluyó unos 13 años más tarde —después que más de 300 mil voluntarios cubanos habían participado en la lucha— cuando el gobierno sudafricano se vio forzado a retirar sus tropas. Esa retirada se efectuó tras una derrota aplastante de las fuerzas armadas del régimen del apartheid en la ciudad de Cuito Cuanavale, en el sur de Angola, a manos de las fuerzas combinadas de los voluntarios cubanos, del ejército angolano y de la SWAPO (Organización Popular de África Sudoccidental) de Namibia. En negociaciones posteriores, Sudáfrica también le concedió la independencia a Namibia, y en febrero de 1990 quedó anunciado el fin del propio apartheid al revocarse la proscripción del Congreso Nacional Africano y al ser excarcelado Nelson Mandela tras 27 años de prisión.

Como dijo Mandela ante una concentración de masas en la provincia cubana de Matanzas en julio de 1991, "¡La derrota del ejército del apartheid sirvió de inspiración al pueblo combatiente de Sudáfrica! ¡Sin la derrota infligida en Cuito Cuanavale nuestras organizaciones no hubieran sido legalizadas! ¡La derrota del ejército racista en Cuito Cuanavale hizo posible que hoy yo pueda estar aquí con ustedes!… ¡Cuito Cuanavale marca el viraje en la lucha para librar al continente y a nuestro país del azote del apartheid!"

En noviembre de 1985, en una ceremonia por el vigésimo aniversario de las dos columnas que cumplieron misiones en el Congo y en Congo-Brazzaville, el ministro de las Fuerzas Armadas Revolucionarias de Cuba, Raúl Castro, dijo ante una asamblea de los voluntarios que el hecho de que hubieran participado cientos de miles de cubanos en las misiones internacionalistas en Angola durante la década anterior

> resulta altamente revelador, no solo de la histórica significación de la misión a ustedes encomendada hace 20 años, sino de cuánto ha evolucionado la correlación de fuerzas a escala mundial en favor de las causas de la liberación y el progreso social y cuánto ha madurado nuestra conciencia internacionalista.
>
> Hace dos décadas más de 300 hombres constituyeron las dos columnas a las que rendimos tributo. Ningún estímulo tan enaltecedor de aquella campaña precursora como poder decir que cada uno de ustedes se está multiplicando por mil en el noble empeño de saldar al precio de la propia vida, si fuera necesario, nuestra deuda de gratitud con la humanidad.

Hoy día, respondiendo no como víctimas sufridas sino como una humanidad decidida a resistir los estragos de la dominación imperialista que se van acelerando rápidamente, se están sintiendo nuevos vientos de lucha por toda África. Esto se manifestó en Argel en el verano de 2001 en el XV Festival Mundial de la Juventud y los Estudiantes, donde jóvenes de una vasta extensión del continente llegaron sedientos en busca de los discursos y escritos de dirigentes marxistas africanos como Thomas Sankara de Burkina Faso, internacionalistas proletarios como Ernesto Che Guevara y otros dirigentes del movimiento obrero moderno desde su fundación hace 150 años por Carlos Marx y Federico Engels hasta el presente.

Multitudes sorprendentemente grandes, tanto de jóvenes como de viejos, están colmando cines en Estados Unidos y otros países para ver la película *Lumumba,* tratando de aprender la verdad sobre capítulos como éste en la historia de nuestras luchas comunes que han sido conscientemente tergiversados.

Es un mundo en el cual se estudiará y se aprenderá con creciente interés del internacionalismo de la Revolución Cubana, según lo representan personas como Che Guevara y Víctor Dreke, y en el cual se medirá la verdadera talla histórica de la misión del Congo en la que participaron.

"Nuestro país, solitario bastión socialista a las puertas del imperialismo yanqui, manda sus soldados a pelear y morir en tierra extranjera, en un continente lejano, y asume la plena y pública responsabilidad de sus actos", escribió Che Guevara en la "Advertencia preliminar" a su relato sobre la misión del Congo. "En este desafío, en esta clara toma de posición frente al gran problema de nuestra época, que es la lucha sin cuartel contra el imperialismo yanqui, está la significación heroica de nuestra participación en la lucha del Congo".

Por más de 40 años, el pueblo trabajador de Cuba y su dirección han sido una fuente indoblegable de posiciones claras —y de acciones decisivas— "frente al gran problema de nuestra época, que es la lucha sin cuartel contra el imperialismo yanqui".

En septiembre de 1990, cuando Washington buscaba usar la fachada del Consejo de Seguridad de Naciones Unidas, integrada por 15 miembros, para llevar a cabo el asesino bombardeo e invasión contra Iraq que las potencias imperialistas venían preparando, la delegación cubana —que en esos momentos ocupaba uno de los 10 escaños que se rotan en el Consejo— votó en contra de la resolución iniciada por Washington. "Cuba votó en contra; ¡fue el único país!" dijo Fidel Castro poco después en un discurso al pueblo cubano. "¡Hemos tenido el honor y la gloria de ser el único país!"

Una década más tarde, en noviembre de 2001, el ministro de relaciones exteriores de Cuba, Felipe Pérez Roque, inició sus palabras ante la sesión inaugural de la Asamblea General de la ONU afirmando, "Hay que detener la guerra en Afganistán". El gobierno norteamericano debe detener su "injustificable campaña de bombardeos contra ese pueblo", en la cual ha "escogido de enemigo a los niños, la población civil, los hospitales y las instalaciones de la Cruz Roja Internacional. Por sus métodos, no habría voz honesta que se levante en esta sala para defender una matanza interminable —con el armamento más sofisticado— de un pueblo desposeído, hambriento e indefenso... Sus responsables serán un día juzgados por la historia". Pérez Roque, en nombre del gobierno cubano, también condenó enérgicamente los ataques terroristas del 11 de septiembre.

Intentando restarle fuerza a la posición inequívoca de Cuba, John Negroponte, principal representante norteamericano ante Naciones Unidas, dijo al *New York Times* que recibía con beneplácito la condena "casi universal" del terrorismo y el apoyo a la política asesina de Washington manifestados por los representantes de gobiernos que se habían pronunciado desde la tribuna de mármol de la Asamblea General. En cambio, dijo, la declaración cubana fue "estrafalaria" y "completamente injustificada". Ni siquiera la "declaración negativa" de Iraq, proclamó Negroponte, "fue tan estridente y vitriólica" como la de Cuba.

Sin embargo, el internacionalismo y la intransigencia revolucionaria que Cuba ha manifestado durante décadas no son ni "estridentes" ni "vitriólicos", mucho menos "injustificados".

Al contrario, para los trabajadores, agricultores y jóvenes de conciencia política en todo el mundo, la trayectoria de la Revolución Cubana —según la relata Víctor Dreke en estas páginas— permanece como prueba viviente de que, en las tumultuosas batallas antiimperialistas y las luchas de clases revolucionarias que vienen en el siglo XXI, hay muy buenos motivos hoy para "meterse en algo" y "tomar un bando". Las cosas *no* siempre van a seguir igual.

■

La entrevista con Víctor Dreke se realizó en La Habana el 26 de octubre de 1999, con una segunda sesión el 2 de diciembre de 2001. Se logró gracias al aliento y respaldo de la dirección de la Asociación de Combatientes de la Revolución Cubana, en particular del general de división Néstor López Cuba, vicepresidente del Secretariado Ejecutivo de la Asociación al momento de su muerte el 15 de octubre de 1999.

Víctor Dreke, con afán, dedicó personalmente muchas horas a revisar el original, explicar detalles y conseguir mapas, fotos y documentos.

Ana Morales Varela e Iraida Aguirrechu ayudaron a aclarar y ampliar el contenido de la entrevista; su conocimiento e interés entusiasta nos infundieron bríos hasta lograr la meta. Cada una de ellas brindó también una considerable ayuda editorial mediante una lectura cuidadosa del original y con la ubicación de fotos, mapas, datos biográficos y otros materiales que hacen que el libro sea más exacto, accesible y ameno para todos.

Por su ayuda en la preparación del glosario, merecen un agradecimiento especial el comandante Faure Chomón, miembro del Comité Central del Partido Comunista de Cuba, quien en 1958 encabezó las fuerzas del Directorio Revolucionario 13 de Marzo en el Escambray, y el coronel Armando Martínez, combatiente clandestino del Directorio, veterano de misiones internacionalistas y ex segundo jefe de la Dirección Política de las Fuerzas Armadas Revolucionarias de Cuba.

Aleida March, directora del Archivo Personal del Che, facilitó varias fotos, entre ellas la de Fidel Castro, Che Guevara y Víctor Dreke que aparece en la contraportada, tomada en la víspera de la partida de Guevara y Dreke en la misión internacionalista de 1965 al Congo.

La Fundación Antonio Núñez Jiménez de la Naturaleza y el Hombre autorizó el uso de fotos históricas de su colección. Carmen Ibáñez de *Granma,* Manuel Martínez de *Bohemia* y Dixie López de *Verde Olivo* buscaron en los archivos de esas publicaciones para encontrar muchas de las otras fotos que aparecen en estas páginas, y brindaron otra ayuda.

Hermes Caballero, veterano del levantamiento del 30 de noviembre de 1956 en Santiago de Cuba, se responsabilizó de innumerables tareas investigativas.

Luis Madrid, de la redacción de la editorial Pathfinder, participó en la primera sesión de la entrevista con Víctor Dreke y estuvo a cargo de la redacción del original en español. Martín Koppel, director de *Perspectiva Mundial,* quien participó en la segunda sesión, contribuyó a esta labor.

Michael Taber, redactor de Pathfinder, quien también participó en la segunda sesión de la entrevista, realizó la redacción de la traducción al inglés, así como la preparación de las notas y del glosario.

Un numeroso equipo de voluntarios por todo el mundo hizo posible la producción del libro, el cual se edita simultáneamente en inglés y español. La transcripción y traducción de la entrevista se hicieron gracias a la labor de Marty Anderson, Eva Chertov, Paul Coltrin, Carlos Cornejo, Hilda

Cuzco, Sabás Herrera, Blanca Machado, Ruth Nebbia, Andrés Pérez, Alejandra Rincón, Aaron Ruby, Mirta Vidal y Matilde Zimmermann.

Eric Simpson diseñó las páginas de fotos y colaboró con Mike Shur en la elaboración de los mapas. Eva Braiman diseñó la portada y las páginas interiores.

Los voluntarios del Proyecto de Reimpresión de Pathfinder revisaron, armaron digitalmente y corrigieron el texto, asegurando que estuviese listo para su impresión y sustancialmente libre de errores tipográficos.

La labor combinada de todos hizo posible este aporte a nuestro conocimiento y comprensión de la Revolución Cubana y al lugar que ocupa en la historia de los trabajadores y agricultores en todo el mundo que luchan contra la explotación y el racismo y por la liberación nacional y la revolución socialista: el único futuro para la humanidad.

Mary-Alice Waters
Diciembre de 2001

'Estábamos dispuestos
a morir en la lucha
contra Batista'.

CORTESÍA DE VÍCTOR DREKE

El 8 de mayo de 1956, los miembros del Movimiento Juvenil de la Federación Regional Obrera Número 3, de Sagua la Grande, marcan el 21 aniversario del asesinato de Antonio Guiteras, un dirigente del auge revolucionario de 1933 en Cuba. La acción fue disuelta rápidamente por la policía batistiana. En la foto aparecen, siguiendo las manecillas del reloj: Víctor Dreke (con el retrato de Guiteras), Mario Sáez, Lázaro Pentón, Roberto Sacerio, "Pintica", Miguel Mon, Humberto Rovira y Roberto Trespalacios.

Integración al movimiento revolucionario

Según explica Víctor Dreke en las páginas que siguen, su actividad política comenzó en respuesta al golpe militar con el que Fulgencio Batista derrocó, el 10 de marzo de 1952, al gobierno electo del presidente Carlos Prío Socarrás.

El pueblo cubano ya conocía bien a Batista, quien había encabezado un régimen represivo de 1934 a 1944, caracterizado por su brutalidad, corrupción y sumisión a los intereses tanto del imperialismo norteamericano como de los propios terratenientes y capitalistas de Cuba. Tras el golpe de 1952, la pandilla de Batista rápidamente pasó a consolidar su poder y a establecer una de las dictaduras más sangrientas en América Latina, y lo hizo gozando del pleno respaldo de Washington.

El golpe despertó una amplia oposición por toda Cuba. Desde un extremo de la isla hasta el otro, trabajadores y jóvenes querían luchar. Sin embargo, los principales grupos y políticos burgueses de oposición rechazaban cualquier acción revolucionaria. Canalizaban las energías antibatistianas, cada vez más profundas, hacia vías ineficaces, como el boicot de tiendas y cines, el no pago de impuestos, y el retiro de fondos de las cuentas bancarias. Pretendían convencer a Washington de que eran ellos, y no Batista, quienes mejor podían defender los intereses imperialistas en Cuba. Ante todo, temían que se diera una lucha contra la dictadura batistiana por parte de los trabajadores y campesinos en las plantaciones, en las fábricas y en todo el campo y la ciudad, que pudiera convertirse en una lucha contra todo el sistema capitalista.

Entre los jóvenes resueltos a organizar una lucha contra el régimen tiránico estaba Fidel Castro. Miembro del Partido Ortodoxo y uno de sus candidatos más populares en las elecciones de 1952, abortadas a raíz del golpe, Castro buscó inicialmente convencer a los dirigentes del partido de que combatieran a Batista. Al agotar dicho esfuerzo, él y un puñado de otros jóvenes se dieron a la tarea de crear un nuevo movimiento revolucionario para cumplir tal cometido. Para comienzos de 1953, habían organizado a unos 1 200 trabajadores y estudiantes, jóvenes en su inmensa mayoría. La organización llegó a conocerse como la Generación del Centenario, así nombrada en honor al natalicio de José Martí, héroe nacional de Cuba.

El 26 de julio de 1953, unos 160 combatientes, dirigidos por Fidel Castro, lanzaron un ataque insurreccional contra el cuartel Moncada en Santiago de Cuba y otro ataque simultáneo contra el cuartel Carlos Manuel de Céspedes en Bayamo. Este asalto anunció la guerra revolucionaria contra la dictadura de Batista.

El intento de tomar los cuarteles y ocupar las armas fracasó. Las fuerzas de Batista masacraron a más de 50 de los revolucionarios capturados. Fidel Castro y otros 27 combatientes, entre ellos Raúl Castro y Juan Almeida, fueron procesados y recibieron condenas de hasta 15 años de cárcel. Ante una masiva campaña pública a favor de la amnistía, los prisioneros fueron excarcelados el 15 de mayo de 1955.

A su regreso a La Habana, donde recibieron un tumultuoso recibimiento, los rebeldes hablaron ya del futuro nombre de la organización con la que se continuaría la lucha.

En junio de 1955, los combatientes liberados, junto a cuadros jóvenes del ala izquierda del Partido Ortodoxo y a otras fuerzas revolucionarias, formaron el Movimiento Revolucionario 26 de

Julio. Los principales dirigentes del nuevo movimiento pronto se vieron exiliados; se juntaron en México, donde emprendieron la tarea de organizar y adiestrar a sus fuerzas para retornar a Cuba. Entre los revolucionarios que se les unieron estaba el joven médico argentino Ernesto Che Guevara.

En noviembre de 1956, 82 de estos combatientes revolucionarios zarparon a bordo del yate *Granma* desde Tuxpan, México. Los expedicionarios desembarcaron en el sudeste de Cuba el 2 de diciembre de 1956, para iniciar así la guerra revolucionaria cubana desde la Sierra Maestra.

■

MARY-ALICE WATERS: Más de 40 años después del derrocamiento de la dictadura batistiana, el rumbo de Cuba sigue señalando un camino a seguir. Por eso tantos rebeldes y combatientes alrededor del mundo quieren estudiar la revolución y aprender sus lecciones.

Sin embargo, en Estados Unidos y otros países hay jóvenes de disposición revolucionaria a quienes les resulta difícil concebir que fueron personas muy parecidas a ellos quienes se integraron a la lucha para derrocar al régimen de Batista y luego establecieron el primer territorio libre de América a las propias puertas del imperio más poderoso y brutal —y el último— que el mundo haya conocido.

Tú eres uno de esos individuos. ¿Cómo te uniste al movimiento revolucionario?

VÍCTOR EMILIO DREKE CRUZ: Casualmente aquel mismo día que Batista dio el golpe de estado, el 10 de marzo de 1952, yo cumplía 15 años. Nací en 1937, en un lugar que se llama Sagua la Grande en la provincia de Las Villas. Procedo de una familia humilde, trabajadora, en un barrio de Sagua llamado Pueblo Nuevo. Teníamos una casa pequeña, con techo de guano, o sea de penca de palma, y piso de tierra.

Mi padre era comerciante. Vendía pescado en el mercado, donde alquilaba una tarima. Pero tenía problemas de pago. Por ahí tengo todavía, casualmente, una carta de 1934, donde le dicen a mi padre que por no pagar el impuesto le habían quitado aquello; que ya nunca más podía abrir un lugar para venta de pescado. Me imagino la crisis que debió pasar con eso.

Recuerdo que cuando era muchacho, mi papá me decía, "No te metas en nada". Él no era batistiano; estaba en contra de Batista. Pero no creía en nadie. Me decía, "No te metas en nada. Esto va a seguir igual que siempre. Ahora gana uno y después gana el otro y siempre van a ser los que tienen dinero los que están en el poder. Estudia y prepárate y no te metas en huelgas ni en nada de eso, que no vas a llegar a ningún lado. Además, eso no es para los negros".

Ese era el criterio que tenía mi papá. Y creo que era el criterio de muchos negros en Cuba. Hasta el triunfo de la revolución. Por suerte no le hice caso.

Estoy aquí, revolucionario, porque no le hice caso a mi papá. Y siento que él no haya vivido más tiempo para ver que estaba equivocado.

Estábamos estudiando cuando se produjo el golpe de estado. La primera información que se conoció fue que Batista había tomado el poder, y que Prío Socarrás iba a resistir. Oímos que los estudiantes universitarios habían ido para la colina universitaria y le estaban pidiendo armas al gobierno de Prío para defender la constitución de 1940.[1]

1. La constitución de 1940 reflejaba el sentimiento antiimperialista que se mantuvo arraigado entre el pueblo cubano en los años posteriores al auge revolucionario de 1933 que derrocó a la dictadura de Gerardo Machado apoyada por Washington. Disponía una reforma agraria y otras medidas democráticas, pero bajo su-

El gobierno de Prío era de esos regímenes títeres que había en Latinoamérica. En realidad era sumiso a Estados Unidos, a Washington.

Todos los que estábamos estudiando nos lanzamos a la calle contra el golpe de estado de Batista, pues decían que era malo, y nos unimos a una huelga política convocada en Sagua contra el golpe. El eje principal de la huelga en la zona fue un señor que se llamaba Conrado Rodríguez Sánchez. Él había sido un campesino, una gente pobre, del central azucarero "Santa Teresa", como se llamaba antiguamente, que está a la entrada de Sitiecito, cerca de Sagua; hoy se llama "Héctor Rodríguez".

Conrado Rodríguez Sánchez demagógicamente aparentaba ser un dirigente proletario. Usaba guayabera con los puños remangados y era enemigo del cuello y la corbata. Pero a su lado tenía verdaderos luchadores por la clase obrera azucarera y a jóvenes rebeldes antibatistianos que pensaban que él era un verdadero luchador por los obreros, aún si no de la talla de Jesús Menéndez o Lázaro Peña. El señor Rodríguez terminó su historia de falsedades junto a los burgueses y terroristas del Alpha 66.

La huelga solo duró unas horas, porque Prío no resistió, se fue. A los estudiantes no se les entregaron las armas. Por lo tanto, el golpe de estado de Batista se consumó.

Ese día, pues, el ejército y la policía, que hasta aquel momento habían sido de Prío Socarrás, del Partido Auténtico, se convierten de inmediato en fuerzas de Batista. Atacan las manifestaciones que hacíamos, y a mí me apresan junto a un

cesivos regímenes proimperialistas estas cláusulas fueron letra muerta. La constitución de 1940 se abrogó en su totalidad en 1952 cuando Fulgencio Batista tomó el poder. Su restauración era una de las reivindicaciones de las fuerzas revolucionarias que luchaban contra Batista.

grupo de compañeros. Pero nos ponen en libertad porque la constitución de 1940 establecía que por ser menores de edad —menores de 18 años— no podíamos ser procesados judicialmente.

Éramos un grupo de revoltosos, no sabíamos nada de revolución ni cosa que se le parezca. Protestamos porque dijeron que Batista era malo y fuimos para la calle a luchar contra él; no teníamos bien definido qué pretendíamos. Pienso, con honestidad, que si el gobierno de Prío nos hubiera entregado las armas, habríamos combatido contra el ejército. Estábamos dispuestos a morir en la lucha contra Batista.

Es así como me integro. Ya desde aquel momento nos fichan como revolucionarios. Cada vez que llegaba el 10 de marzo, venía la policía, nos cogía presos y nos metía en la cárcel.

Yo continué estudiando, pasé a la escuela superior, allí en el centro de Sagua.

Entonces, el 26 de julio de 1953 se produce el ataque a los cuarteles Moncada y Carlos Manuel de Céspedes.

El 26 de julio cae un domingo. Nosotros no sabíamos nada del ataque. Pero al día siguiente, al amanecer, llega la policía y nos coge presos. Nos lleva para la estación de policía sin nosotros saber por qué. Allí nos enteramos de que un "grupo de forajidos" había atacado la fortaleza del Moncada y que todos habían resultado eliminados. Esa era la palabra que se utilizó en el parte oficial que dio el gobierno de Batista: Fidel y aquel grupo de revolucionarios eran unos "forajidos".

En el caso personal, me causó una gran admiración conocer que realmente había un grupo de jóvenes que había intentado tomar los cuarteles. Porque, históricamente, en Cuba muchas gentes habían hablado de revolución. En esta etapa de 1953, cuando Fidel hizo el primer intento por tomar el cuartel Moncada para —como dice él— "echar a andar el pequeño motor que habría de echar a andar el motor grande de la revolución", había muchos movimientos que hablaban de lucha armada para eliminar a Batista, pero lo que hacían realmente era robarse el dinero. Compraban armas y después ellos mismos las entregaban para justificar el no hacer la acción.

A diferencia, este valiente gesto de Fidel daba optimismo y como consecuencia logró que la juventud cubana lo estimara y admirara: se abría un camino.

Yo estaba dispuesto a dar la vida contra Batista, de eso sí no tenía ninguna duda. Pero también tenía dudas de que realmente alguien enfrentara a Batista e hiciera lo que decía que iba a hacer. Porque Aureliano Sánchez Arango del Partido Auténtico había hablado de hacer invasiones contra Batista, y también Tony Varona, otro dirigente de ese partido. Y todo era mentira. Todo era falso.

Sencillamente aquella acción de Fidel Castro sí lo logró. Ya había confianza en él. Había confianza en que él sí iba a luchar de verdad con las armas contra Batista; lo había demostrado. Ese era uno de los hechos que nos hizo sentirnos con más confianza para emprender este camino de lucha revolucionaria.

En 1955 se constituye el Movimiento 26 de Julio. Ese fue el salto histórico. De inmediato me integré a una célula del Movimiento 26 de Julio, y pasé a ser jefe de acción y sabotaje en Sagua la Grande.

A la vez, continuábamos unidos al movimiento de trabajadores que dirigía Conrado Rodríguez, perteneciente a la Federación Regional Obrera Número 3 de Sagua, que agrupaba a los obreros azucareros de la zona. Dentro de la región de Sagua, en aquel momento, habían nueve centrales azucareros, por lo que era una de las regiones más potentes del país en cuanto a la producción azucarera. Había sido una de las regiones más combativas, por ser una de las zonas donde Jesús Menéndez había desarrollado parte de su lucha por las reivindicaciones de los obreros de ese sector.

Dentro de este movimiento había grupos tanto de derecha como de izquierda.

Dentro del Movimiento Juvenil de la Federación Regional, como se llamaba la parte juvenil de este movimiento de trabajadores, había un grupo que se iba por la vertiente de las elecciones. Una de las principales figuras a las que seguían era un tal José Pardo Llada, un miembro del Partido Ortodoxo que aspiraba a presidente. El grupo quería deshacerse de Batista, pero creían que podían hacerlo por la vía de las elecciones.

Había otro grupo dentro de este movimiento: los que estábamos contra las elecciones y por la lucha armada. Entonces, a la vez de pertenecer a este movimiento azucarero, como podríamos llamarle, pertenecíamos al Movimiento 26 de Julio. Es decir, teníamos una liga entre el 26 de Julio —la lucha estudiantil— y este movimiento obrero. De esta simbiosis surjo yo.

La lucha era muy difícil porque, inmediatamente que planificabas algo, el gobierno, la dictadura, te caía encima. Tenías que estar escondido parte del tiempo, huyendo, perseguido.

Así organizábamos los distintos actos revolucionarios. Cada Primero de Mayo, por ejemplo, se daban distintas actividades de lucha contra Batista a favor de la clase obrera. Estas eran actividades relámpago, donde prácticamente no te dejaban hablar. Inmediatamente que tú llegabas, llegaban el ejército, la policía, con los chivatos delatando gente. Había que planificar los actos clandestinamente.

Desarrollamos también la lucha en homenaje a Antonio Guiteras, con actividades que se daban los 8 de mayo, en el aniversario de su asesinato. Por ahí tengo fotos de 1953, 1955, 1956, cuando participamos en actividades como movimiento estudiantil en homenaje a Guiteras.

Antonio Guiteras fue el principal dirigente del movimiento revolucionario de 1933. Para mí, personalmente, hasta aquel momento en que surgió Fidel Castro, era la figura de mayor prestigio y cuyos ideales seguía, ideales en los cuales sigo creyendo. Yo no había nacido en esa época —él fue asesinado en 1935— pero teníamos toda la historia que nos había llegado de Guiteras, de sus actividades, por lo que él había luchado en aquel "gobierno de los 100 días"[2] y nos sentíamos guiteristas. Todavía teníamos todas estas cosas mezcladas en la cabeza. Pero lo fundamental es que estábamos por la lucha, la lucha armada.

Llega un momento en que, por las actividades revolucionarias —las huelgas, quema de caña, sabotajes, todas esas cosas—, "nos quemamos", como se dice en Cuba. Es decir, se sabía quiénes éramos y la policía nos perseguía. Llega un momento en que ya es imposible funcionar.

En noviembre o diciembre de 1957 hay una gran ofensiva revolucionaria de quema de caña y otras actividades, para impedir las elecciones amañadas que se iban a celebrar el próximo año. En la célula que yo dirigía son capturados dos compañeros.

Uno de los que torturan declara; el otro se mantiene firme y no habla.

Inmediatamente, un amigo, un muchacho que trabajaba conmigo, va adonde yo vivía —en aquel momento mi hogar era un cuartico con mi mamá— y nos avisa que fulano de tal cayó preso y que después la policía ha ido a buscar a otros compañeros. Nos percatamos que estaba hablando. Yo decido no dejarme coger preso. Y ya en aquel momento el gobierno de Batista asesinaba. No había tregua. Me despido de mi madre y me voy de la casa.

2. Véase el glosario.

Me dirijo al barrio donde había nacido, como la historia esa que dice que el elefante siempre regresa a morir al lugar donde nació. Voy para mi barrio porque lo conozco, sé cómo me puedo ir. Me digo: "Si llego a Pueblo Nuevo, no hay quien me coja". Primero, por la protección familiar. Y además, porque conocía la zona.

En bicicleta salgo para Pueblo Nuevo, a la casa de mi tía. Llego y le digo que el ejército me está buscando, que me voy a esconder, que no voy a salir.

La pobre tía mía había luchado mucho conmigo. Cada vez que oía que estaba preso, ella y Cuca Acevedo —la madre de uno de nuestros compañeros— iban a buscarme, y ya la tenía cansada. Cuando me vio, dijo:

"Tú metido en líos otra vez, ¿qué es eso?"

"Bueno, ¿qué puedo hacer?", le digo.

Me quedo sentado en la casa, pensando en eso. Ya tengo en aquel momento el criterio de la necesidad de alzarme.

De pronto veo entrar por una de las calles dos jeeps del ejército. Dentro del primero viene el compañero nuestro al que me refiero, quien había declarado. Viene sentado entre dos soldados. No me acordaba que un día había llevado a este muchacho a la casa. Yo estaba desligado, desde hacía años, de Pueblo Nuevo.

Entonces le indico a mi tía: "Mira, me vienen a buscar. Diles que no he estado aquí".

Salgo, brinco una de las cercas que hay al fondo de la casa, y llego a la casa de un primo mío. Entro por el fondo de la casa y se desata la alarma; creen que entró un ladrón, hasta que me ven.

"Bueno, entra, siéntate, ¿qué pasó?" Les explico lo que había pasado, y mi primo acepta que me quede en su casa, que no salga.

Inmediatamente mando a hacer contacto con el Movimiento 26 de Julio, porque mi primo, Marcelo Castillo, era miembro del Movimiento 26 de Julio, aunque su padre Florencio era un concejal del Partido Liberal, uno de los partidos de Batista. Es una de las cosas que se dio en la lucha revolucionaria en Cuba, que en una misma familia, una parte estaba con Batista y la otra en contra de Batista. Eso se dio mucho en nuestro país.

El primo revolucionario va y le avisa a mis compañeros que el ejército me está buscando y que yo estoy escondido. Esa noche me trasladan para la casa de otro primo, donde estoy escondido dos días. Yo estaba en uno de los cuartos; casi no podía respirar.

Al segundo día por la mañana llega el dueño de la casa y empieza a conversar en voz alta con su esposa: "Te voy a comprar los muebles. Te voy a traer unos muebles que te gusten". Y habla de los muebles. Ellos no tenían con qué comprarlos; se estaban cayendo muertos de hambre. Pero, bueno, esa noticia es la que oyen todos los vecinos. Aquellas son casas que están pegadas unas a otras, son de madera, y todo lo que usted habla en una se oye en la otra.

Así es que se van los dos. Después, por la tarde, él se aparece con unos muebles —un juego de sala y un juego de cuarto, una butaca, una cómoda, un escaparate, y no sé qué más— y los meten dentro de la casa.

Pero hay un plan, que hasta ese momento yo no lo sé. Es un plan que ha hecho la célula del Movimiento 26 de Julio para sacarme de esa casa y de Sagua, porque están cerradas todas las salidas y el ejército me está buscando.

¿En qué consistía este plan?

Primero, llegan con estos muebles y él hace bastante alboroto para que todo el mundo lo sepa. "Oye, le compró muebles, le trajo muebles", dicen.

Esa misma tarde llega la señora a la casa, y ya él se había

ido. Cuando regresa, ella le arma un escándalo. De eso sí se entera todo el barrio, porque ése era el plan. "¡Yo no quiero los muebles! ¡Llévatelos, que no los quiero! Además, eso no lo podemos pagar; tú sabes que eso no se puede". Ella repite el escándalo, y él sale a buscar un camión para devolver los muebles.

El camión lo conducía Arnaldo Arias Echenique, quien era el dueño de la mueblería en la que yo trabajaba y quien más tarde se fue de Cuba. A él lo había puesto de acuerdo su hermano Mario. Mario, quien era un luchador contra los abusos y atropellos de las fuerzas militares, enfrentándose a ellos en múltiples ocasiones. Resultó herido en un enfrentamiento e integró después el Directorio Revolucionario.

Vienen a recoger los muebles, y a mí me meten dentro del escaparate. Vean el tamaño que yo tenía, que a mí me meten dentro de un escaparatico de dos puertas. Me montan en el camión, me ponen el juego de sala delante. Y así me sacan de aquel lugar.

Me llevaron a Santa Clara, donde me recogió un compañero de apellido Morejón, uno de los dirigentes del Movimiento 26 de Julio en Sagua, y quien después traicionó a la revolución.

Es una historia de la que los abuelos todavía hablan. Dicen, "El hombre salió en el escaparate".

Todo el mundo dice, "Fui yo, fui yo". Hay como mil gentes en Sagua que dicen que me ayudaron a escapar.

Provincia de Las Villas

'Todo el pueblo
salió a las calles
y se nos unió'.

CORTESÍA DE VÍCTOR DREKE

Víctor Dreke (derecha) en la plaza de Güinía de Miranda en la provincia de Las Villas, luego que el pueblo fuera liberado por la columna de Che Guevara el 27 de octubre de 1958. Los otros combatientes son, de izquierda a derecha: Pedro Cruz (Pelongo), Raúl López Pardo (Raulín) y José Tapia (Mandarria). Detrás está el monumento a José Martí, dirigente central de la guerra independentista cubana de 1895.

En la guerra revolucionaria cubana

La guerra revolucionaria cubana estaba en su segundo año cuando Víctor Dreke llegó a la sierra del Escambray a comienzos de 1958, y se unió allí a las fuerzas rebeldes.

A fin de que coincidieran con el esperado desembarco del *Granma,* el Movimiento 26 de Julio organizó acciones armadas en varias ciudades. La más importante de éstas fue la de Santiago de Cuba, donde el movimiento, dirigido por Frank País, organizó un levantamiento el 30 de noviembre de 1956.

En realidad, los 82 expedicionarios desembarcaron tres días más tarde, el 2 de diciembre, en la provincia cubana de Oriente. Tres días después, los soldados de Batista los tomaron por sorpresa. La mitad de ellos fueron asesinados o capturados. Solo la mitad de los que escaparon lograron reagruparse en las semanas siguientes y establecer una base de operaciones en la cercana Sierra Maestra. Estos pasaron a ser el núcleo del Ejército Rebelde. Entre ellos estaban Fidel Castro y Raúl Castro, Juan Almeida, Ernesto Che Guevara, Camilo Cienfuegos, Ramiro Valdés y otros más que llegarían a ser comandantes de la guerra revolucionaria cubana.

En el año y medio siguientes, el Ejército Rebelde se convirtió cada vez más en el catalizador de una creciente oposición masiva a Batista. Dentro de los pueblos y ciudades —conocidos en el Movimiento 26 de Julio como "el llano"—, los cuadros del movimiento organizaron acciones eficaces en apoyo a los rebeldes en "la sierra", y prepararon las condiciones para un levantamiento urbano. Otras organizaciones antibatistianas, como el Directorio Revolucionario y el Partido Socialista Popular, fueron siendo incorporadas crecientemente a un esfuerzo único.

A mediados de 1958, el Ejército Rebelde resistió y derrotó una "ofensiva final" del ejército batistiano, la cual tenía por fin destruir al movimiento revolucionario. Los rebeldes rápidamente lanzaron una contraofensiva. Además de establecer tres nuevos frentes en la provincia de Oriente —dirigidos por Raúl Castro, Juan Almeida y Delio Gómez Ochoa— organizaron dos columnas, una encabezada por Che Guevara y la otra por Camilo Cienfuegos, para emprender una invasión a occidente. La columna de Guevara marchó hacia la sierra del Escambray, en el sur de la provincia de Las Villas, donde se le dio la responsabilidad de asumir el mando no solo de la columna guerrillera del Movimiento 26 de Julio que allí operaba bajo la dirección de Víctor Bordón Machado, sino de todas las fuerzas revolucionarias. La columna dirigida por Camilo Cienfuegos originalmente tenía encomendada la tarea de atravesar toda la isla para establecer un frente en las montañas de Pinar del Río, en Cuba occidental, pero en octubre Fidel Castro ordenó a Cienfuegos que permaneciera en el norte de la provincia de Las Villas hasta que su tropa pudiera recuperar sus fuerzas y se pudiera preparar debidamente la siguiente etapa de la campaña.

En el Escambray, la columna del Ejército Rebelde de Guevara comenzó de inmediato a realizar operaciones coordinadas con un frente guerrillero que se hallaba en la zona, organizado por el Directorio Revolucionario 13 de Marzo, el que, por su parte, había surgido del movimiento estudiantil. En febrero de 1958 el Directorio había establecido una fuerza guerrillera en el Escambray, dirigida por Faure Chomón.

La fecha en el nombre de la organización conmemoraba el

asalto del 13 de marzo de 1957 al Palacio Presidencial de Batista en La Habana, acción organizada por el Directorio. Varios de sus militantes y dirigentes habían sido asesinados durante el ataque y sus secuelas, entre ellos José Antonio Echeverría, dirigente fundador del Directorio.

El Directorio y el Movimiento 26 de Julio habían colaborado desde agosto de 1956, cuando Echeverría y Fidel Castro suscribieron lo que se llamó la Carta de México, acordando hacer acciones conjuntas de las dos organizaciones para tumbar a Batista.

Como explica Víctor Dreke, cuando el Ejército Rebelde lanzó su ofensiva hacia occidente, él ya se había unido a la guerrilla del Directorio que combatía en Las Villas.

Además de estas dos organizaciones, a finales de 1958 en el norte de Las Villas se subordinó a Camilo Cienfuegos una unidad guerrillera más pequeña organizada por el Partido Socialista Popular y encabezada por Félix Torres.

En el Escambray se hallaba también un grupo de una índole diferente, el cual había sido expulsado del Directorio Revolucionario. Se llamaba el Segundo Frente Nacional del Escambray. Esta organización rehusó colaborar con la columna del Ejército Rebelde dirigida por Guevara o con el Directorio Revolucionario. Al negarse a librar algo más que un remedo de lucha contra los soldados de Batista, se ganaron el mote despectivo de "comevacas", ya que las únicas bajas que infligían eran al ganado de los campesinos que se robaban, mataban y comían. Constantemente se tomaban sin pagar la comida y las provisiones de los campesinos.

En el transcurso del otoño de 1958, las fuerzas rebeldes en Las Villas fueron ejerciendo un creciente control sobre el ejército de Batista. Para fines de diciembre, la mayoría de los pueblos y las ciudades de la provincia habían sido capturados, y el Ejército Rebelde iba envolviendo a Santa Clara, la ciudad más importante de Las Villas y la tercera ciudad de importancia en Cuba.

La batalla de Santa Clara comenzó el 28 de diciembre. En la víspera de Año Nuevo, las fuerzas batistianas en la ciudad ya estaban a punto de rendirse. La pérdida de Santa Clara dividiría la isla en dos. Este acontecimiento, combinado con los fuertes avances que realizaba el Ejército Rebelde en Oriente, al acercarse a Santiago de Cuba, obligó a Batista a huir del país a tempranas horas de la mañana el primero de enero de 1959.

Las fuerzas dirigidas por Camilo Cienfuegos y Che Guevara ocuparon los principales cuarteles del ejército en La Habana el 2 de enero. A medida que una insurrección popular y una huelga general, convocada por las fuerzas rebeldes, se propagaban por la isla, las principales columnas de la tropa victoriosa comandada por Fidel Castro avanzaron hacia La Habana. La Caravana de la Libertad, como se le llamó, llegó el 8 de enero.

Con la victoria del Ejército Rebelde comenzaba una nueva etapa de la revolución.

■

LUIS MADRID: ¿Qué sucedió luego de tu escape de Sagua la Grande? ¿Cómo te integraste al Ejército Rebelde?

DREKE: Vengo para La Habana, buscando contacto para irme al Escambray, para alzarme, unirme a los rebeldes.

Anteriormente había intentado alzarme en la zona de Quemado de Güines, unos 20 kilómetros afuera de Sagua, donde había una unidad guerrillera del Movimiento 26 de Julio dirigida por el compañero Víctor Bordón. Pero parte del grupo al que yo pertenecía, que también era del Movimiento 26 de Julio, no estaba por la lucha armada. Y a muchos compañeros que querían alzarse les decían, "Hoy no, mañana, pasado".

Hice contacto aquí en La Habana, y salí para la sierra del Escambray.

WATERS: ¿Fuiste con miembros del Movimiento 26 de Julio o del Directorio Revolucionario?

DREKE: Les voy a explicar.

El Movimiento 26 de Julio me lleva a La Habana, y de allí al sur de Las Villas, a Cienfuegos. En una clínica que estaba frente al malecón de Cienfuegos, me entrevisto con varios dirigentes del Movimiento 26 de Julio. Uno de esos dirigentes es Víctor Paneque, que en aquel momento era jefe de acción de ese movimiento en la provincia de Las Villas, pero que después traicionó la revolución. Me entrevisto con él allí, y me envía para el Escambray. Ese día salimos hacia allá tres compañeros, entre ellos Armando Choy, quien es actualmente general de brigada en las Fuerzas Armadas Revolucionarias.

Entonces yo entro al Escambray como miembro del Movimiento 26 de Julio.

¿Qué sucedía en el Escambray en aquel momento? Estaban unidos todos los frentes; había un solo frente. El Directorio Revolucionario 13 de Marzo había abierto un frente en febrero de 1958. Y tú veías a compañeros que tenían el brazalete del 26 de Julio y otros que tenían el brazalete del Directorio Revolucionario 13 de Marzo. Cuando yo llego al Escambray, estaban todos los compañeros en aquel momento juntos. Allí me entregan un revólver, y varios días después me llevan a las primeras acciones.

Cuando se va a hacer una de las primeras acciones, se dividen los grupos de combatientes. Al frente de cada grupo va uno de los capitanes. Yo participo en el ataque a la planta eléctrica del pueblo de San Blas, dirigido por Víctor Bordón Machado.

En la próxima acción que se dio, me enviaron con Tony Santiago, que era del Directorio Revolucionario 13 de Marzo. Me gustó la forma de Tony Santiago. Me captó la disciplina que tenía Tony, su valor personal. Me acuerdo que llegó la aviación y él nos dijo: "A la aviación hay que tirarle, no le cojan miedo". Y sí le cogí admiración a aquel hombre que no tenía miedo. Pero además, yo tenía el antecedente de que procedía del estudiantado. Y allí me quedé con aquella guerrilla. Por eso digo que fui combatiente del Directorio Revolucionario 13 de Marzo.

Madrid: ¿En qué acciones participaste?

Dreke: Participamos en distintas acciones, y fui herido en combate en Placetas; allí me dieron dos tiros.

Esa acción se produce el 13 de octubre de 1958, cuando vienen avanzando las tropas del Che y las de Camilo desde la Sierra Maestra en la invasión a occidente.[1]

Todas las fuerzas de la dictadura en el centro del país, desde Camagüey, estaban contra aquellos compañeros que venían luchando para llegar a las provincias de Las Villas y Pinar del Río, como era el plan de Camilo. Para ayudar a su avance, la dirección del Directorio Revolucionario 13 de Marzo decide realizar varias acciones armadas fuertes, que sirven para llamar la atención del ejército y aliviar la presión que había contra las tropas del Che y de Camilo.

Se escogen dos objetivos: Fomento y Placetas. Por supuesto, la idea no era tomar los pueblos. Nosotros atacamos a Placetas y Faure Chomón ataca a Fomento.

Placetas está en la Carretera Central, a unos 30 kilómetros al este de Santa Clara. Estuvimos caminando como dos o tres días hasta llegar ahí. Y se hace esa acción el 13 de octubre, bajo un fuerte aguacero.

El grupo en que voy está dirigido por el compañero Ricardo

1. Para un relato de la invasión por parte de las columnas del Ejército Rebelde de Che Guevara y Camilo Cienfuegos, así como de toda la campaña de Las Villas y la batalla de Santa Clara, ver Ernesto Che Guevara, *Pasajes de la guerra revolucionaria, 1956–1959* (La Habana: Editora Política, 1997).

Varona, que era placeteño. Pero el resto no era de Placetas, y no conocíamos las calles. Empezamos a avanzar, y nos metemos en varias calles. Y de pronto, antes de llegar a la estación de policía, bajo un fuerte aguacero en que casi no se veía nada, nos encontramos con un carro.

Viene y nos alumbra la máquina aquella; nos quedamos prácticamente ciegos. Nos tiramos en la cuneta y le damos el alto sin saber quiénes son. Ellos nos responden con la pregunta, ¿Quiénes son ustedes? y nosotros sobre quiénes son ellos, y sigue aquello de ¿Quién va?, ¿Quién viene? Hasta que uno de ellos dice, "¡La policía!" Entonces gritamos, "¡Directorio!" y nos entramos a tiros.

Avanzamos sobre la patrulla. Pero cuando le estábamos tirando al grupo aquel que venía en la patrulla, José "Pepe" Tapia, uno de nuestros compañeros, trata de tirar con su ametralladora Thompson a boca de jarro. Pero la ametralladora se encasquilla. No tira porque no la había mantenido limpia. Yo estoy parado a un lado de Pepe, y los policías disparan. Es allí cuando me hieren una pierna y me dan un tiro en el costado, pero que no me afecta el pulmón.

Por poco pierdo la vida. Logramos coger a los que iban en el carro. Los compañeros me sacan de allí herido, y nos llevamos a uno de los policías sangrando. Lo que no sabíamos era que en la máquina venía el jefe de la policía, que además estaba herido. Nos enteramos posteriormente. Era un connotado asesino de la dictadura.

De allí me llevan, me hacen las primeras curas y me trasladan para el Escambray, donde me atienden.

Hemos buscado sobre esta acción en las noticias de la prensa y en los libros de historia de la época y casi no aparece. No es que Batista no le diera importancia, sino que no quiso dar la noticia. Porque era muy fuerte decir que rebeldes habían estado directamente en Placetas y en Fomento. Sobre todo Placetas, una ciudad en medio de la isla, en la Carretera Central. Entonces el gobierno silencia por completo esta acción.

WATERS: El arribo de las columnas de Che y de Camilo aumentó lo que estaba en juego. La lucha en Las Villas en los últimos meses de 1958 fue intensa. ¿Te recuperaste de las heridas a tiempo para participar en esa campaña?

DREKE: Antes de la batalla de Santa Clara participamos en varias acciones, una de las cuales es la que llamamos El Rescate, que se dio el 17 de diciembre de 1958.

Ya estaban el Che en el Escambray y Camilo en el norte de Las Villas, en plena ofensiva. Se habían liberado muchos pueblos, muchos cuarteles, muchas ciudades, y el ejército de la dictadura en el centro de la isla se había ido concentrando en Santa Clara.

Allí en Santa Clara estaba preso un compañero nuestro que iba a ser asesinado por los esbirros de Batista. Se llamaba Joaquín Milanés, y le decíamos "El Magnífico".

Antes de caer preso, Milanés había llevado a cabo una acción en La Habana. Fue un atentado que hizo a Santiago Rey, quien era ministro de gobernación de Batista. El atentado contra Rey, allí en medio de la ciudad, en la calle 23, lo realizaron él y otros compañeros, entre los que estaba Gustavo Machín, uno de los que murieron después en Bolivia con el Che. Pero no lograron ajusticiarlo, y Milanés salió huyendo para tratar de incorporarse a la lucha en el Escambray. Y fue a parar a Sancti Spíritus, cerca de donde el Directorio tenía su jefatura central.

Un buen día, Milanés parece que se sentía inquieto, por estar encerrado, y cuando sale de recorrido por la calle es sorprendido por una limpieza que hacía el ejército. De momento sacaban al ejército a la calle y empezaban a registrar a todo el mundo a la loca, sin saber a quién. A Milanés le ocupan una

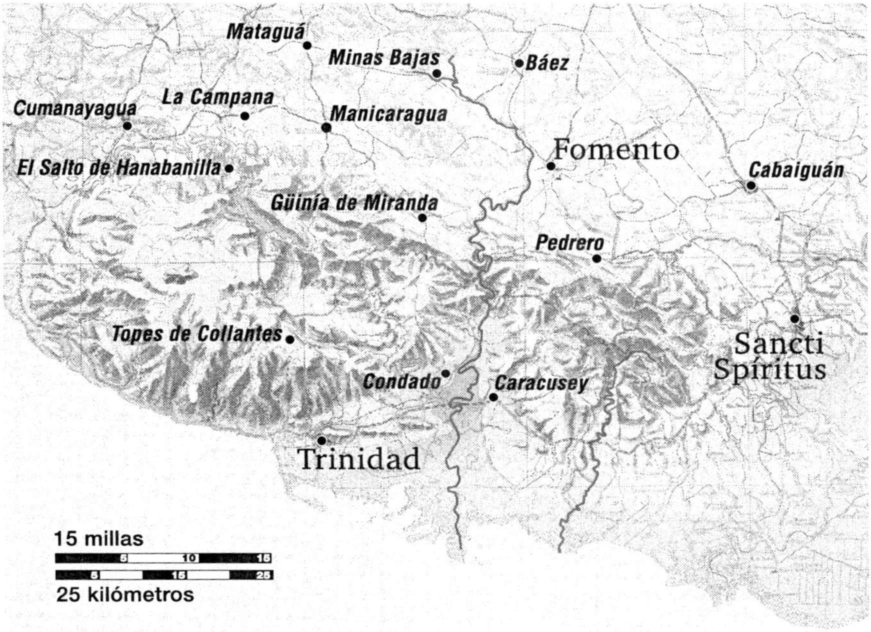

Sierra del Escambray

pistola calibre .45 y lo acusan de tenencia de arma de fuego sin licencia, y lo llevan preso. Él no dice que es Joaquín Milanés, por supuesto, y ellos no sabían que tenía que ver con el atentado contra Rey.

Pero pasan unos meses, y sus captores se enteran de quién es, de que lo están buscando para asesinarlo. Y arreglan para que Masferrer ordene a sus testaferros que saquen a Milanés y lo asesinen.[2] Ante esta situación se toma la decisión de que salga un comando nuestro a liberarlo. Y soy escogido entre los cuatro compañeros que vamos a hacer esta acción.

El 16 de diciembre habíamos tomado el poblado de Báez. De allí nos llega la noticia de que al otro día, el 17, se le va a hacer el juicio a Milanés, y ya están preparadas las condiciones para hacer el rescate. Se nombra jefe de aquella acción a Ramón González Coro, "Mongo", quien era capitán guerrillero en aquel momento. Van también Raúl López Pardo, "Raulín", quien era teniente de nuestro grupo; Roberto Fleites, un compañero que murió posteriormente en la toma de Santa Clara; Osvaldo Ramírez, quien después traicionó la revolución y fue un asesino en el Escambray; y yo.

Realmente Roberto Fleites no iba para participar en la acción. Él había hecho una acción anteriormente, ajusticiando al piloto de una avioneta que había matado a muchos campesinos en el Escambray. Después de que ajustició a ese piloto, fue a parar al Escambray. Pero iba a regresar a hacer otra ac-

2. Rolando Masferrer fue un acaudalado político batistiano que dirigió una fuerza derechista paramilitar de unos 2 mil hombres, conocidos como los "Tigres de Masferrer", quienes trabajaban estrechamente con el ejército de la dictadura. Durante la guerra revolucionaria cubana, las bandas masferreristas funcionaron como escuadrones de la muerte, torturando y asesinando a cientos, si no a miles, de opositores del régimen. Su principal fuente de ingresos provenía de las casas de juego, la prostitución y la extorsión.

ción en Santa Clara y aprovechó que iba el carro nuestro, y se ofreció para ir también a la acción. Pero se le dijo que no, que él tenía otra cosa más importante, y ademas él era de Santa Clara, donde todo el mundo lo conocía.

En la misión nos ayudaría Mercedes Garrudo, quien por su condición de revolucionaria y por ser abogada nos serviría de enlace.

Llegamos a Santa Clara la mañana del 17. La idea era hacer el rescate a la llegada a la audiencia. Teníamos que llegar a las 8 de la mañana, que era la hora en que debían sacar a Joaquín de la cárcel para trasladarlo a la audiencia, que estaba en la misma calle. La vez anterior solamente lo habían llevado dos policías y se había suspendido el juicio. Pero en esa ocasión ya sabían que era Joaquín Milanés. Entonces ya no lo habían llevado dos policías; fueron más. Además, en vez de sacarlo a las 8, lo habían llevado para la audiencia mucho más temprano, a eso de las 6 ó 7 de la mañana.

Las calles de la entrada de Santa Clara, de la audiencia, estaban cerradas en aquel momento, porque ya estaba la ofensiva. Ya se estaban tomando una serie de pueblos en la provincia de Las Villas. Y el ejército estaba concentrado en Santa Clara. Así que el gobierno había tomado otras medidas, no conocidas por nosotros. Y, en el afán de rescatar al compañero que iban a asesinar, no adecuamos el plan a la nueva situación.

Cuando llegamos a la entrada de Santa Clara por la calle que teníamos que entrar, nos encontramos que había una barrera. Pero en esa barrera estaba Sebastián Nieves, a quien habían mandado para hacer contacto con nosotros.

"Está cerrada la calle, vayan por tal lugar", indicó Nieves. "El preso ya no está en la cárcel; está en la audiencia".

Todos los planes que llevábamos se tenían que cambiar. La idea era que al salir Joaquín de la cárcel con los policías, nosotros vendríamos en una dirección y ellos irían en otra.

Inmediatamente íbamos a encañonar a los policías desde la máquina y montar a Joaquín. Si hacían resistencia, había que eliminarlos; no había duda de eso. Iba a ser una acción rápida, relámpago, sin darles tiempo.

Pero ya no era así; todo había cambiado. Ya no era cárcel, ni era calle, sino que era audiencia. Entonces, la decisión que tomó Mongo, y estuvimos todos de acuerdo —a pesar de que había cambiado la situación—, fue la de quedarnos y rescatar a Joaquín.

Meses antes, dos o tres compañeros habían intentado hacer lo mismo. Cuando llegaron allí se formó el barullo: "¿Lo sacamos? ¿No lo sacamos?" Y al final no lo habían hecho. En aquel momento nosotros teníamos el criterio del valor personal; se había escogido un grupo así. Y habría sido vergonzoso regresar si no lo hacíamos con el compañero. Para todos nosotros era cuestión de principios.

Decidimos quedarnos allí y esperar a que se acabara el juicio. Parqueamos la máquina al costado de la audiencia; ya habíamos dejado a Roberto Fleites a la entrada de la ciudad, después de él insistir en venir. Estacionamos a un costado de la audiencia, cerca de una escuela que hay allí.

Comenzó la larga espera. De las 8 y pico de la mañana hasta bastante después de las 12. Ven ustedes qué clase de tensión era aquella, en medio de una ciudad llena de guardias. Estábamos sentados con las ametralladoras en las piernas. Mongo y Raulín se habían bajado solamente con las pistolas y estaban en la audiencia, limpiándose los zapatos y conversando allí con la gente.

La audiencia de Santa Clara tiene varios pisos. Arriba de la audiencia habían montado una ametralladora calibre .30 y había varios soldados allí. En la esquina había una cafetería.

Debían ser como las 10 ó las 11 de la mañana cuando llegaron dos jeeps y una máquina con personas vestidas de civil, con unos sombreros grandes y unas guayaberas. Eran "los Tigres de Masferrer". Era la gente que estaba esperando que se terminara el juicio para sacar a Milanés y asesinarlo. Llegaron allí a tomar café. Empezaron a dar vueltas por todo aquello. ¡Y nosotros sentados en la máquina! Ni ellos se metían con nosotros ni nosotros con ellos. Es posible que alguno vio y pensó que nosotros éramos esbirros porque la ametralladora la teníamos allí.

A las 12 y pico, o la una menos cuarto, se produce la acción. Ante ella estábamos muy tensos. Había una gran preocupación debido a lo peligroso de la situación.

Sobre todo estábamos preocupados de que a la hora de la acción los niños de la escuela se iban a encontrar entre el fuego nuestro y el del ejército. Porque se iba a producir un combate. Aquello fue lo que más nos angustió. Por suerte, la acción se produjo antes de salir los niños de la escuela.

Bueno, salió El Magnífico de la audiencia. Le habían dado libertad, junto a un grupo de compañeros del Movimiento 26 de Julio a quienes también habían juzgado ese día. Ese era su plan: darle libertad y luego decir, "Se desapareció". Lo mataban los esbirros de Masferrer y ya no aparecía. Nadie sabría qué le pasó.

Inmediatamente que Joaquín sale de la audiencia, ve parado afuera a Mongo y a Raulín, y se percata que hay algo. Sabía que estaban alzados, y cuando los vio afeitados, supo que ellos lo habían ido a buscar. No tenía duda de eso.

Mongo y Raulín se fajan con la policía, logran aniquilar a dos guardias, incluso el mismo Joaquín logra quitarle la pistola a uno de ellos. Yo cumplo la tarea que me dieron, que es cubrir la retirada. Me bajo de la máquina y empiezo a tirar con la Thompson, esa misma que se había trabado allá en el combate de Placetas. Y empiezo a tirar contra el edificio de la audiencia y contra unos guardias que estaban en la cafetería.

Llegan los compañeros, se empiezan a montar en el carro. Y cuando ya estamos casi dentro se aparece alguien por el extremo, corriendo con una pistola. Le vamos a tirar, pero es el compañero Roberto Fleites que habíamos dejado a la entrada de la ciudad. No se había ido, y cuando vio que nos fajábamos con el ejército, sacó la pistola y se fajó.

Monta al carro Roberto. Ya Mongo está dentro prácticamente y se sienta. Y de pronto vemos que hace un gesto; está herido Mongo. Recuerdo que le dice a Joaquín: "Flaco, ya estás aquí con nosotros". Mongo empieza a sudar, pero copiosamente.

Y nosotros arrancamos por la carretera de Santa Clara rumbo a Manicaragua. Era como la una menos 10.

Llegamos a Pico Alto y allí le dimos atención a Monguito, que ya estaba prácticamente muerto; estaba sudoroso. Nos encontramos que el médico nuestro, Humberto Castellón, no estaba allí, sino en Báez, el pueblo que habíamos tomado el día antes. Esa era otra de las medidas que no habíamos previsto: la cercanía del médico.

Entonces, decidimos ir a buscar un médico a Mataguá. Creo que era el único que había en el pueblo. Tocamos la puerta y le dijimos, "Usted tiene que acompañarnos". Él estuvo de acuerdo pero nos lo llevamos "preso" para evitarle problemas. Cuando regresamos, ya Mongo estaba muerto y lo trasladamos a Báez.

Mongo fue uno de los compañeros más valiosos que habíamos tenido, un gran jefe. Tenía 27 años y estaba en su sexto año de medicina. Uno de los mejores compañeros de nuestra tropa. Monguito murió en nuestras propias manos, sin nosotros poder hacer nada.

Después de esto vinieron varias acciones más, entre ellas la toma de Manicaragua, el 23 de diciembre, cuando preparábamos las acciones para el ataque a Santa Clara.

WATERS: ¿Estas acciones las realizaba la tropa del Directorio Revolucionario? ¿O eran acciones conjuntas con la tropa del Movimiento 26 de Julio? ¿Qué tipo de relaciones existían entre las dos?

DREKE: Al llegar el Che a Las Villas en octubre, todas las fuerzas del Movimiento 26 de Julio y del Directorio Revolucionario 13 de Marzo pasaron a su mando. Al mismo tiempo, cada columna siguió decidiendo las tácticas necesarias para llevar a cabo con éxito la acción que se le asignara.

La primera acción conjunta del Directorio y del 26 de Julio se realizó el 22 de noviembre de 1958, y fue el ataque al cuartel de Caracusey. Una tropa iba dirigida por Angelito Frías, por el Movimiento 26 de Julio, y otra por Rolando Cubela, quien era del Directorio y que después traicionó a la revolución.

Decía que el 23 de diciembre en Manicaragua comenzamos a preparar las condiciones para el ataque a Santa Clara. Poco después de estar allí, justo cuando nos preparábamos para la batalla, se aparece un grupo del Segundo Frente Nacional del Escambray a hacer fechorías, como estaban acostumbrados. Entre ellos iban Jesús Carreras, William Morgan, que era norteamericano, y otros más. Ahorita hablaremos de esta gente, cuando conversemos de los bandidos.

La gente del Segundo Frente quería tumbar el puente que va de Seibabo a Santa Clara. Y tuvimos un encontronazo allí en la calle y los botamos de Manicaragua. No había otra solución. Y les impedimos que tumbaran el puente.

Por supuesto que no les podíamos decir que íbamos a atacar Santa Clara. Simplemente les dijimos que, como nosotros habíamos tomado el pueblo, era nuestro, que esas eran las reglas del juego. Ellos se fueron. Nosotros teníamos ya posta en el puente, y dimos la orden de que nadie podía tumbarlo.

Aquella misma noche, como a las 9 ó 10 de la noche, sentimos varios tiros, en la dirección de Santa Clara hacia Manicaragua. Daba la impresión que era en el puente donde teníamos la posta o en sus proximidades.

Pensábamos que el ejército había regresado y por ello había que salir para enfrentarlos. Salimos a la carretera, a la calle, nos parapetamos ahí a la entrada, en unos muros. Estábamos esperando, y ahí no había trinchera. En la calle tú tienes que pelear a pecho; no puedes utilizar trinchera ni nada, no la hay.

Pero sucede que los tiros los había hecho Sinesio Walsh, quien era de nuestra gente, y que después fue uno de los primeros bandidos del Escambray. Sinesio venía borracho, desde Santa Clara para Manicaragua, donde entraba disparando.

Paramos el carro y salió Sinesio. Hubo un fuerte altercado, y se tuvo que ir.

Sinesio Walsh era del Movimiento 26 de Julio. A partir de esta unidad del Directorio y del 26 de Julio, la tropa de ellos estaba acampada cerca de la nuestra. Siempre buscábamos esa compenetración, actuar juntos.

La gente del grupo de Sinesio Walsh se enteraba de algunas de nuestras acciones, y algunos de sus combatientes iban con nosotros. Sinesio no iría, pero ellos decían, "No, yo me voy con ustedes". En aquel momento no había discrepancia alguna entre los combatientes. Éramos una sola cosa, había una verdadera unidad en eso.

Con el tiempo supimos que días antes de atacar el cuartel de Mataguá, Sinesio —que era amigo del jefe del puesto de guardia de Batista de allí— le había avisado al enemigo que nosotros íbamos a atacar el cuartel. Cuando llegamos el jefe se había ido. Esto se conoció dos años más tarde por sus propias declaraciones durante su juicio.

Sinesio fue gran amigo de todos esos guardias de Batista. No le avisó al de Manicaragua porque el ataque allí lo hicimos sorpresivamente. Pero cada vez que podía hacerlo, lo hacía.

MADRID: La victoria del Ejército Rebelde en la batalla de Santa Clara fue uno de los sucesos decisivos de la Revolución Cubana. Selló la suerte de la dictadura batistiana y mostró que el Ejército Rebelde gozaba del apoyo de la mayoría del pueblo trabajador de Cuba.

Háblanos de la batalla de Santa Clara desde tu perspectiva.

DREKE: Yo estaba en el Comando "Ramón Pando Ferrer" —al mando de Raúl Nieves—, el mismo que había atacado Manicaragua. Allí yo era segundo jefe. Este comando tenía dos objetivos. Primer objetivo, acciones en toda la región de Santa Clara. Después tendría como misión dividirse en dos, y yo debía seguir con parte del comando que iría hacia la región de Sagua. Ese era mi deseo: ir a Sagua, el pueblo donde yo había nacido, y combatir allí. La idea era preparar las condiciones operativas para la guerrilla. Ya habíamos designado a Alfredo Salgado y a Mario Arias para trabajar allí hasta nuestra llegada.

Por eso entramos varias veces a Santa Clara, antes del ataque. Quemamos un restaurante, en otra ocasión la planta de televisión. En otra entramos en una casa de prostitución que tenían allí, botamos a todos los chulos aquellos, los botamos para el diablo; las mujeres se fueron a sus casas y cerramos el local. Varias cosas más hicimos antes de esta acción.

El día 28 de diciembre, a eso de las 8 de la mañana, entramos a Santa Clara. Nos tocó entrar por la carretera de Manicaragua, y nos dieron la misión de atacar el Escuadrón 31 y a "los caballitos", que era como le decíamos a la tropa motorizada.

Primero chocamos con una patrulla del ejército. Llegó la aviación y nos bombardeó; hirió a dos compañeros. No fue fácil ir de un lugar a otro, pero teníamos el apoyo del pueblo; él se unió a nosotros. Entre el Escuadrón 31 y las viviendas había una plazoleta, y tuvimos que ir casa por casa para llegar a él. Obtuvimos allí la ayuda de una compañera llamada Noemí y de un compañero que se llamaba Celestino, quienes nos prestaron su casa. Los dos más tarde se incorporaron al movimiento.

"Ahora entren por aquí", nos dijo Celestino; la casa daba justo enfrente al Escuadrón 31. Entonces ahí desplegamos a unos compañeros. Nieves y yo fuimos con otro grupo hacia otra zona y empezamos a establecer el combate.

Es importante explicar aquí qué sucedió después, porque allí perdió la vida un gran compañero. El ejército salió con las tanquetas. Ya se había unido a nosotros el pueblo; les llamábamos los milicianos desde aquel momento, aunque aún no se habían constituido oficialmente las Milicias Nacionales Revolucionarias. En Santa Clara todo el pueblo salió a las calles; así actuaban las milicias incipientes de la revolución. La tarea que les dimos fue la de preparar cócteles molotov, puesto que no tenían armas ni nosotros teníamos para darles. Era la única arma que teníamos. Como a las 10 de la mañana dimos la instrucción de preparar unos cócteles molotov.

Ellos van, buscan la gasolina, todas las cosas aquellas y van a preparar los cócteles molotov. Pero sale el ejército y asesina a un grupo de compañeros milicianos. Los otros regresan adonde estábamos atrincherados y nos dan la noticia.

Entonces no nos queda más remedio que mandar allá a uno. El compañero Roberto Fleites —el mismo que fue a la acción esta de rescate de El Magnífico— se ofrece a ir.

Dice cuatro cosas de esas que decimos los cubanos y arranca para allá, y afirma, "Yo voy a hacerlo. Yo hago los cócteles. Despreocúpate, que yo voy".

Cuba Rebels Driven From Santa Clara

4,000 Casualties Reported in City; Batista Troops Pressing Attack

The United States says it will not intervene in the Cuba struggle—Page 10.

Gen. Batista's two young sons on a New York sightseeing trip—Page 10.

By The Associated Press

HAVANA, Dec. 31.—Government troops, backed by armor and planes, hammered retreating rebel forces around Santa Clara tonight and drove them eastward out of Las Villas Province.

The army said the rebel bid to seize Santa Clara, cut Cuba in two and threaten Havana had been crushed.

As President Fulgencio Batista's army pushed rebel leader Fidel Castro's fighters toward Camaguey and Oriente Provinces, the government called on its forces to keep on fighting until the revolutionary movement is utterly wrecked. A source close to President Batista said:

"There will be no New Year's holiday and no truces or respites for the rebels."

President Batista remained in the Presidential Palace amid reports he hoped to announce a sweeping victory over Castro's insurgents by the dawn of the new year.

A spokesman for the President said the government had smashed an attempt to seize Santa Clara, capital of Las Villas Province. Earlier reports said the rebels were fighting a rear-guard action in the battered old city.

Santa Clara's streets were described as strewn with dead and wounded. Government informants estimated that 3,000 rebels had been killed or wounded. They indicated government casualties were at least 1,000.

Once rebel forces are pushed into Camaguey, the government expected their flight toward easternmost Oriente Province would gain momentum. Camaguey is the heart of Cuba's flat cattle-raising country where rebels would have little chance against armored forces and air attacks.

Presidential Palace sources emphasized the drive would be intensified once the rebels were pushed into Oriente, to destroy their strongholds there. Insurgents still have the bulk of their forces in Oriente. They have entered or occupied a half dozen cities there and isolated the city of Santiago de Cuba. Some positions were given up by the government to rush reinforcements to Santa Clara.

President Batista sent Maj. Gen. Jose Pedraza, known as an iron-fisted fighting man, to

See CUBA—Pg 10 Col. 4

El primero de enero de 1959, conforme se derrumbaba el ejército de la dictadura y huía Batista de Cuba, varios periódicos estadounidenses publicaron un despacho de Prensa Asociada en cuyo titular se leía, "Expulsados rebeldes cubanos de Santa Clara".

Y carga con el arma y se lleva a cinco o seis de aquellos compañeros.

Como a la media hora más o menos, se aparece corriendo uno de los compañeros, gritando.

"¡A Roberto lo hirieron!"

"¿Dónde está?", preguntamos.

"No hay quien lo saque de allí. Está herido, está muy grave".

¿Qué pasó? Cuando Roberto viene con los cócteles molotov, se encuentra con una de las tanquetas, y se faja con ella. Roberto le tira y ésta le riposta. Cae boca abajo con su M-1.

Hay que sacarlo; no podemos dejar a Roberto allí. Entonces, tenemos una disyuntiva: o mandar a alguien a sacarlo o ir nosotros a hacerlo. Y como jefe del grupo en aquel momento —Nieves estaba en otro frente— tomo la decisión de ir yo a sacarlo.

"Nieves no está aquí", le dije al compañero Roberto Sacerio. "Si me pasa algo, tú no vayas a buscarme. Me dejas, porque así van a matar a toda la gente, y busca a Nieves".

Y bueno, salí.

Logré llegar hasta el cadáver del compañero Roberto; aquello fue horrible. El cañonazo le había arrancado parte de la cara y estaba muerto. Arrastrándolo lo logré sacar hasta una zona donde los compañeros me ayudaran. Y se enterró ahí mismo.

Esa tanqueta actualmente está ahí en la Plaza Cadenas frente a la Universidad de La Habana. Algunos alumnos universitarios posiblemente no sepan que esa es la tanqueta que mató a Roberto Fleites.

El segundo día de combate, el Che y sus compañeros derribaron y capturaron el tren blindado que el ejército de Batista tenía en la ciudad. La toma de ese tren nos dio una gran ventaja. El Che nos mandó una cantidad de proyectiles y armamento. Yo tengo por ahí la relación de las municiones que nos mandó el Che para que se le distribuyera a la tropa, porque prácticamente ya no teníamos.

Además de las armas y los proyectiles del tren, ese día Faure nos había enviado algunas desde Trinidad. Y me manda como premio una ametralladora calibre .30. Uno de mis ayudantes era Gustavo Castellón, "El Caballo de Mayaguara", del cual vamos a hablar ahorita, cuando lleguemos a la lucha contra bandidos.

Existía en aquellos momentos la novatada. Tú no conoces un arma y te emociona tirar. El capitán "Chino" Figueredo fue quien nos trajo la ametralladora. También nos trajo un cañón de 71 mm., pero a mí me gustaba más la calibre .30 que el cañón, porque disparaba más proyectiles. Yo tenía 21 años, y la fantasía de muchas balas.

Pero el Chino me advirtió: "No tires seguido porque, primero, se te acaban las balas. Y además, te van a ubicar, y si te ubican te van a tirar". También me recomendó que solo hiciera ráfagas cortas, si no, la ametralladora se calentaría demasiado.

Yo emplacé la .30 en la ventana de una casa. Como no sabía nada de guerra regular, le puse como protección tres o cuatro colchones que habíamos sacado de las camas de las casas. Apenas empecé a tirar se enteraron por dónde estábamos nosotros, y todos los colchones los desbarataron.

Momentos después salió una tanqueta, y mientras tanto los soldados avanzaban disparando. Después los apoyó la aviación. Hirieron a un compañero. Cuando abrieron fuego me agaché, me tiré al piso. Seguí tirando, aunque ya la ametralladora se había puesto demasiado caliente. Más tarde logramos emplazarla en un segundo piso para tirarle a la aviación. Y así fue hasta el último día.

Para entonces varios compañeros del Movimiento 26 de

Julio se nos habían unido en la zona de combate que teníamos asignada. Creo que Alfonso Zayas estaba allí, junto con otros más.

Ya en la madrugada del primero de enero había un cerco cerrado contra el Escuadrón 31 y contra los caballitos.

En la mañana vimos unas banderas blancas en el Escuadrón 31. Nosotros no sabíamos que Batista se había ido. Seguíamos combatiendo al Escuadrón 31 y teníamos un cerco cerrado. Ya el ejército se había retirado, se había acuartelado, pero seguíamos tiroteando para mantenerlo allí.

En ese momento no pensábamos que íbamos a tomar Santa Clara en cuatro o cinco días. No sé quién lo hubiera pensado, por la cantidad de ejército que había allí y el grupo que éramos en las tropas nuestras.

Pienso que tampoco el Che, quien era el comandante en jefe de aquella operación, tenía calculado que en cuatro o cinco días íbamos a tomar Santa Clara, sino que aquello debía ser una lucha de muchos días, y quizás de meses, y que iba a costar muchos muertos. Esa era la idea que teníamos en ese momento, que no iba a salir vivo casi nadie.

Bueno, cuando vimos las banderas aquellas, decidimos ir, Nieves y varios compañeros más. Le di la .30 a un compañero, cogí la Thompson que antes tenía, y fuimos para allá con un grupo de compañeros. En ese momento venían entrando por la otra calle el compañero Juan Abrantes, "el Mexicano", y el después traidor Rolando Cubela.

Ya cuando entramos al escuadrón es cuando sentimos la bulla de la gente y de la radio de que se había ido Batista. Allí estaban los guardias, unos desarmados, otros tirando las armas.

Y así es como nos sorprendió a nosotros el triunfo de la revolución.

WATERS: Debiste haber conocido por primera vez a Che durante esos meses.

DREKE: Conocí al Che en octubre de 1958. Fue entre el 20 y el 25 de ese mes. Lo vi por primera vez en el campamento nuestro del Directorio en Dos Arroyos. El Che y el resto de su columna habían llegado días antes al Escambray, y se quedaron en el campamento nuestro. Llegaron a la escuela "Joe Westbrook", que el Directorio había creado para impartir clases a los campesinos, enseñándoles a leer y escribir.

Una de las primeras entrevistas fue con Faure y con la dirección del Directorio. Hay una foto donde aparecen la tropa nuestra —la tropa del Directorio— y la dirigida por el Che. Le dimos una acogida como la que considerábamos se merecían él y sus hombres, que habían venido desde Oriente abriéndose paso para ayudar a traer la libertad a Las Villas y a Cuba. Y les abrimos los brazos con las pocas cosas que teníamos. Todo con lo que contábamos —ropa, zapatos— se puso a disposición de la tropa del Che, que de verdad venía en una situación muy mala. En el recorrido habían perdido todo: no tenían agua para el camino, pasaron ríos crecidos y como resultado del combate había varios heridos. Y así venían.

Yo estaba en el campamento. Me habían herido el 13 de octubre. Ya estaba mejor, pero me había quedado en el campamento. Estaba allí de jefe de servicios, del almacén y de todo lo que había allí. Me habían dado toda esa responsabilidad para que hiciera algo mientras me curaba.

Llegó el Che al campamento nuestro de Dos Arroyos, y me causó una gran impresión, inolvidable para mí. Porque después de saludarme me preguntó si le podía prestar un momentico una máquina de escribir. Pero además se percató que yo había sido herido y me revisó la herida.

"Está bien", me dijo. "Esto no tiene problema. Ahorita puede seguir, puede empezar a combatir otra vez".

Ya nos habían contado quién era el Che, pero yo no tenía

una idea real. Y en la provincia de Las Villas y en Cuba en general tampoco era conocido. Porque la verdad histórica creo que no se puede falsear. Lo conocían los compañeros que estaban con él, los que estaban combatiendo en la Sierra, pero el resto no lo conocíamos.

La gente decía: "Viene un argentino, un extranjero".

Y aquel hombre, en medio de aquello, se preocupa por la herida que yo tenía, me pregunta qué me había pasado, cómo había sido la herida. Y además me da aliento, que yo no estoy grave, que estoy bien. Y luego pide prestada una máquina de escribir "por un momentico". Por eso me refiero primero a que todo lo que había en el campamento estaba a su disposición.

Así es como por primera vez me encontré con el Che.

MADRID: ¿Cómo se organizó la colaboración entre el Directorio Revolucionario y la tropa de Che?

DREKE: Había un acuerdo de acciones conjuntas, que es lo que se llama el Pacto del Pedrero, que se firmó el primero de diciembre entre el Directorio Revolucionario 13 de Marzo y el Movimiento 26 de Julio. Esto fue después de una reunión presidida por el Che y Faure Chomón. A los pocos días el Partido Socialista Popular también se adhirió a este acuerdo.

Después de celebrarse ese acuerdo, se repartió la tropa, todos bajo el mando unificado. Fulano va con tal tropa para tal zona, y éste va con otro grupo para allá.

Donde las tropas del Che no pudieron lograr la unidad fue con la gente del Segundo Frente del Escambray, los conocidos como "comevacas". Ellos fueron de los primeros que amenazaron con coger preso al Che o liquidar la columna.[3] Pero el

3. Che Guevara escribió posteriormente que cuando sus tropas llegaron al Escambray, "fueron alcanzadas por una carta insólita. Era firmada por el comandante Carreras y en ella se prevenía a la

resto del Escambray sí se unió, y se le subordinó en un frente guerrillero. Y había tropas de ambas organizaciones combatiendo juntos.

Como decía, el ataque a Santa Clara estuvo dirigido por el comandante Che Guevara. Todas las columnas del Movimiento 26 de Julio y del Directorio participaron con direcciones concretas: unos al Escuadrón 31, otros a atacar el tren blindado, los otros a la cárcel. Así con acciones concretas se produjo esa acción.

Había lo que se puede llamar un mando conjunto. Pero nadie le discutía al Che su dirección. Nadie discutía sus decisiones. Todos estaban de acuerdo. Nada de "esto es mío y esto es tuyo". Eso no pasaba. Había una gran unidad.

Esa unidad le dio la posibilidad a la revolución. Esa unidad no ha existido en otras revoluciones. En otros movimientos se fajan y no se ponen de acuerdo.

La única gente que no estuvo de acuerdo con la dirección del Che fue la gente del Segundo Frente del Escambray. La mayoría de ellos, o muchos de ellos, se volvieron bandidos después o abandonaron el país.

---

columna del Ejército Revolucionario por mí comandada, que no podía subir al Escambray sin aclarar bien a qué iba". Guevara, *Pasajes de la guerra revolucionaria, 1956–1959,* pág. 269.

'Quitar la soga.
Es lo que iba a hacer
la revolución'.

CORTESÍA DE VÍCTOR DREKE

Víctor Dreke se dirige a una reunión auspiciada por el Directorio Revolucionario en Sagua la Grande, 27 de noviembre de 1959, en honor a ocho estudiantes de medicina asesinados por el régimen colonial español en 1871.

Después de la victoria

A medida que el Ejército Rebelde avanzaba en las provincias de Las Villas y Oriente a finales de 1958, Washington y sus aliados entre las familias acaudaladas cubanas comenzaron a buscar una fórmula con miras a impedir una victoria revolucionaria. El primero de enero de 1959, con la huída de Batista, los defensores del viejo orden intentaron mantener un gobierno sumiso a los intereses norteamericanos, al anunciar un nuevo régimen militar que sustituiría al dictador.

Fidel Castro respondió convocando a una huelga general, a la que las masas populares respondieron por toda la isla, volcándose a las calles. Rápidamente se derrotó el intento de impedir que el Ejército Rebelde tomara el poder.

Establecido el nuevo gobierno revolucionario, el Ejército Rebelde y el Movimiento 26 de Julio de inmediato comenzaron a poner en vigor el programa en torno al cual, desde el comienzo de la lucha, habían organizado a campesinos, trabajadores y jóvenes. Una de las primeras medidas, que contó con un amplio respaldo entre el pueblo de Cuba, fue la de procesar ante tribunales revolucionarios, a cientos de los peores esbirros que habían actuado como torturadores y asesinos del régimen batistiano. Durante los primeros meses, el nuevo gobierno también recortó las exorbitantes tarifas de electricidad y de teléfonos que el pueblo trabajador pagaba a los monopolios norteamericanos.

En los primeros meses de 1959 el gobierno declaró ilegales las múltiples formas de discriminación racial contra los negros y que habían gozado del apoyo del estado. Se prohibió la discriminación en el empleo. En las semanas siguientes, todos los almacenes, tiendas y otras instalaciones públicas, incluidas las playas, fueron declarados abiertos a los negros. Los soldados y milicianos del Ejército Rebelde hacían cumplir estas nuevas medidas en el acto, y cualquier establecimiento que rehusara acatarlas podía ser clausurado al instante.

La medida más profunda del primer año de la revolución fue la ley de reforma agraria del 17 de mayo, que limitó las propiedades individuales de la tierra a 400 hectáreas. Al aplicarse la ley, se confiscó en Cuba vastas haciendas, muchas de las cuales eran propiedad de ricas familias norteamericanas o de las empresas bajo su control. Estas tierras pasaron a manos del nuevo gobierno. La ley concedió a los arrendatarios, aparceros y precaristas títulos de propiedad sobre la tierra que cultivaban. Unas 100 mil familias campesinas recibieron títulos.

La reforma agraria marcó una coyuntura decisiva para las fuerzas burguesas. Estas reconocieron que el gobierno revolucionario dirigido por el Ejército Rebelde en verdad iba a llevar a cabo un programa que respondiera a los intereses de la gran mayoría de los cubanos. No se le podría comprar, intimidar o desviar de su camino. Estos intereses acaudalados aceleraron sus esfuerzos por derrocar al gobierno. También Washington llegó a la conclusión de que tenía que deshacerse de la dirección revolucionaria, y crecientemente tomó medidas para llevar a cabo un curso destinado a aplastar a los partidarios de la revolución, trayectoria que mantiene en la actualidad, más de 40 años después.

La reforma agraria también aceleró la polarización de clases dentro del gobierno. Las fuerzas burguesas que habían aceptado puestos —entre ellos José Miró Cardona, el primero en ocupar el cargo de primer ministro, y Felipe Pazos, presidente del Banco Nacional— se marcharon y se unieron a la contrarrevolución.

Desde agosto hasta octubre de 1960, el pueblo trabajador cubano respondió a la escalada de ataques armados y de sabotaje económico organizados por los gobernantes norteamericanos, mediante la realización de movilizaciones masivas para poner en vigor la nacionalización de las propiedades de las principales compañías norteamericanas en la isla. Luego expropió otros grandes bienes de los propietarios cubanos.

Durante este período, el Ejército Rebelde recurrió al profundo apoyo popular que tenían las medidas revolucionarias para fortalecer sus filas, su disposición combativa y su profesionalismo. Simultáneamente, el pueblo trabajador cubano manifestó su voluntad de defender la revolución engrosando las filas de la Milicias Nacionales Revolucionarias.

■

WATERS: En enero de 1959, hubo cuadros del Ejército Rebelde que se encontraron a la cabeza de millones de cubanos cada vez más resueltos a transformar el país de arriba abajo. Empezaron a asumir responsabilidades que nunca antes habrían imaginado posibles de realizar.

¿Qué hacías durante este período inicial?

DREKE: Cuando triunfó la revolución, yo tenía el grado de capitán del Ejército Rebelde. Cuando aquello, el grado mayor que había era el de comandante, y luego estaba el de capitán.

Primero estuve como fiscal de los tribunales revolucionarios. Después estuve de jefe de batallón en la Fuerza Táctica de Occidente.

Esta Fuerza Táctica se creó en mayo de 1959. Ya el 20 de mayo salimos de La Habana, caminando con dos batallones hacia Pinar del Río. Un batallón iba hacia Guanito y el otro a Los Remates de Guane, allá en lo último de Pinar del Río. El jefe de esta Fuerza Táctica de Occidente era el comandante Pinares, quien posteriormente murió en Bolivia con el Che. Yo era el jefe de la Compañía G y segundo jefe del Batallón 2.

Esta caminata tuvo importancia porque sirvió de fogueo a algunos compañeros que se habían unido a la revolución en los últimos días. Cuando tomábamos una ciudad, en los últimos meses de 1958, en el combate se unían nuevos compañeros a nuestras filas. Algunas gentes se habían hecho pasar por combatientes ya después del triunfo de la revolución.

Nuestra tarea era ver quiénes de esa gente eran capaces de hacer el esfuerzo, y después se hizo un trabajo cuidadoso para prepararlos. Porque había quien físicamente no aguantaba esa caminata de horas y horas y horas, con poca alimentación, comiendo en un campamento, y pasando trabajo. No lo resistían. Entonces eso sirvió para limpiar un poco el camino. Y quedó esta Fuerza Táctica dividida en tres ejércitos: Occidente, Centro y Oriente.

Cuando la Fuerza Táctica de Occidente hizo ese recorrido en mayo por las montañas de Pinar del Río, ya había noticia de que se había alzado el famoso cabo Luis Lara, pero nosotros no vimos nada. El recorrido también me dio la posibilidad de conocer Pinar del Río, ya que el Ejército Rebelde no había llegado allí durante la guerra.

Al regreso, Camilo [Cienfuegos], que era jefe del estado mayor del Ejército Rebelde, me manda para Sagua, de jefe del Escuadrón 35. En aquel momento teníamos escuadrones militares en todas las regiones del país.

¿Cómo me nombran a mí jefe de este escuadrón? Bueno, al triunfo de la revolución, en Sagua había divisiones internas. Surgieron algunas dificultades entre un grupo de personas que ocupaban el cuartel. Acuérdate que el Ejército Rebelde no llegó a Sagua antes del triunfo; llegamos después del triunfo. Y dentro del cuartel de Sagua había algunas gentes que no eran de los mejores revolucionarios. En otros lugares pasó lo mismo. Habían tomado aquello y ellos mismos se hicieron capitanes. Eso trajo, en el caso de Sagua, una protesta muy grande de los sagüeros. Y formaron su algarabía, su lío, y empezaron algunas confusiones políticas.

Se había creado cierta división entre los que habían sido combatientes del 9 de abril y los que no habían sido combatientes.[1] Eso se explicó en un discurso de Camilo Cienfuegos en Sagua la Grande, que está en el libro de William Gálvez, *Camilo: señor de la vanguardia,* donde da una gran refriega al grupo de sagüeros por la división interna en que estaban. Y allí Camilo decidió nombrarme jefe del escuadrón de Sagua, porque soy sagüero y por conocer a mis camaradas sagüeros.

Por ello estuve un tiempo en Sagua. Después estuve de jefe del escuadrón de Cruces, también en Las Villas. Fui allí porque había un problema racial muy difícil.

Se dio un baile en el parque de Cruces poco después de la victoria. Y cuando aquello, se acostumbraba poner una soga para dividir a los blancos de los negros: un lado era para los negros y otro lado para los blancos. Sin embargo, esta vez hubo una reacción muy grande, y la primera reacción fue del jefe del escuadrón de Cruces, el capitán Melquiades García, que era blanco, combatiente del Ejército Rebelde, y quien era muy querido por todos nosotros como jefe. Y para los rebeldes, blanco y negro éramos la misma cosa.

1. El 9 de abril de 1958, el Movimiento 26 de Julio convocó una huelga general en Cuba. Anunciada sin la debida preparación, la huelga fracasó. En respuesta, las fuerzas de Batista recrudecieron la represión, y unos cuantos militantes del Movimiento 26 de Julio fueron arrestados o asesinados.

Aquella noche en Cruces, este capitán del Ejército Rebelde quitó la soga y unió a los blancos y a los negros. Se formó por supuesto una piñacera. Algunos blancos no aceptaron, y me imagino que algunos negros tampoco. Hubo negros que se pasaron al otro lado; bueno, aquello fue el caos.

Al otro día por la mañana me citan a mí al regimiento. Debo presentarme a Félix Torres, que era comandante inspector del regimiento. Me llevan a una reunión, en la que estamos todos los jefes de escuadrones, en la que se hace la información de lo que había pasado en Cruces, de los problemas que había. Se habla de cómo el Ejército Rebelde busca la unidad de blancos, negros y de todo el mundo.

Y entonces decidieron nombrar a un nuevo jefe en Cruces. El compañero Melquiades había hecho lo que tenía que hacer, que era lo que haría la revolución: quitar la soga. Pero de todas maneras se había formado una algarabía. Incluso gentes que aparecían como dirigentes del Movimiento 26 de Julio en Cruces habían protestado porque habíamos quitado la soga.

"Dreke, tú eres el jefe de escuadrón", me dijeron.

Yo me decía, "Pues, si es así como rechazan a los negros, ¿cómo me van a mandar a *mí* para allá?"

Entonces a Melquiades y a mí nos intercambiaron en los puestos de mando. A él lo nombraron jefe del Escuadrón 35 en Sagua, y a mí el jefe del Escuadrón 32. En aquel momento a ti te cambiaban de lugar en cuestión de horas. En las dos horas que llevamos reunidos aquí, posiblemente hubiésemos sido jefes de tres lugares distintos.

"Vas para aquí y ya". Luego, "No, tú no vas allí, vas para tal lado. Recoge y vete". No había quién lo siguiera. Era así, una vorágine revolucionaria.

Bueno, llegué a Cruces y me presenté a las autoridades del poblado. Me trataron bien; nos saludamos. Y ya les explicaron que yo era el nuevo jefe del escuadrón.

Lo primero que hice fue salir a la calle por la tarde, hacer un recorrido, desarmado, para hablar con la gente en la calle y sin pistola.

Conclusión: no tuve ningún problema en Cruces. Con el avance de la revolución, ese tipo de discriminación ha desaparecido de nuestro país.

WATERS: ¿Dónde más participaste?

DREKE: Estuve en Sagua de jefe de la Zona Número 4, que era una zona de operaciones que comprendía desde Sagua hasta Corralillo.

¿Por qué era importante esta zona en el año 1959–1960? Porque era uno de los lugares donde más les lanzaban armas a los grupos contrarrevolucionarios, donde había infiltraciones, a través de la Playa de la Panchita, de Playa Uvero, Carahatas y todos esos lugares. Eso era por las características que tenía esta región de Sagua, zona donde hubo muchos latifundistas, gente que tenía alto poder económico en aquel momento, y también porque estaba cerca de las playas.

Me dieron esta misión, dirigente de la Zona 4. En esta tarea estuve trabajando hasta el 13 de enero de 1960, en que pasé a dirigir una escuela de formación de milicias en Hatillo,[2] donde preparábamos militarmente a los compañeros que iban a participar en la limpia del Escambray, principalmente a milicianos de Las Villas.

2. También hubo una escuela en La Campana, donde se preparó a los primeros milicianos que defendieron la región.

‘Fusiles para los cocineros.
Fusiles para los maestros.
Fusiles para todo
el mundo’.

GRANMA

El comandante Juan Almeida Bosque (de frente a la cámara), entonces viceministro de las Fuerzas Armadas Revolucionarias, hace entrega a una unidad de Lucha Contra Bandidos su estandarte de combate LCB.

Lucha Contra Bandidos en el Escambray

En 1959 y 1960, el nuevo poder cubano, que inspiraba a la vez que respondía a un movimiento de masas en ascenso, fue aplicando más y más medidas en beneficio de los intereses de los trabajadores y agricultores. Al profundizarse la revolución, los capitalistas, los hacendados y sus sirvientes locales —a instancias de Washington, del que recibían un creciente apoyo— buscaron derrocar al nuevo gobierno y reinstalarse en el poder para restaurar sus propiedades y privilegios perdidos.

Organizaron y armaron a bandas contrarrevolucionarias por toda Cuba. En las ciudades iniciaron una campaña de incendios y sabotajes, prendiendo fuego a grandes almacenes y fábricas. Mucho más de 100 cubanos murieron en esos ataques terroristas en los primeros años.

En las zonas rurales, los grupos contrarrevolucionarios armados se fueron concentrando cada vez más en la sierra del Escambray, en el centro de Cuba. Ya para 1960, decenas de estas bandas —conocidas en Cuba simplemente como "los bandidos"— estaban cometiendo asesinatos y actos de sabotaje, quemando plantaciones de caña y atacando centros de producción.

Los miles de adolescentes voluntarios de las brigadas alfabetizadoras fueron un blanco especial de estos ataques. Estos jóvenes se esparcieron por todo el campo a comienzos de

1961 para enseñar a campesinos y trabajadores a leer y escribir, y, en efecto, al cierre de ese año habían eliminado el analfabetismo en Cuba. El asesinato particularmente brutal de Conrado Benítez, un joven alfabetizador voluntario de 19 años, y del campesino Eliodoro Rodríguez Linares en enero de 1961, le dio un nuevo impulso a la movilización masiva de milicias que fue el elemento fundamental de la primera “limpia”, según los cubanos denominaron el operativo para eliminar a los bandidos.

Entre los dirigentes de las bandas contrarrevolucionarias había hombres que en algún momento habían participado en la lucha antibatistiana, así como individuos que o bien habían apoyado a Batista o que no habían desempeñado papel alguno en la guerra revolucionaria. En las páginas que siguen, Dreke describe a varios de estos individuos.

A los bandidos los armó, abasteció y dirigió Washington, que a su vez fue acelerando su curso agresivo. Durante los preparativos para lo que sería la invasión de Bahía de Cochinos en 1961, las administraciones norteamericanas de Dwight D. Eisenhower y de John F. Kennedy proyectaban que estos grupos desempeñaran un importante papel de apoyo durante la agresión. Sin embargo, a finales de 1960 y comienzos de 1961 el Ejército Rebelde y las Milicias Nacionales Revolucionarias ejecutaron acciones decisivas para eliminar esa amenaza.

El 17 de abril de 1961, una fuerza expedicionaria de 1 500 mercenarios cubanos —organizada, financiada y desplegada por Washington— invadió a Cuba por Bahía de Cochinos, en la costa sur. El objetivo de los contrarrevolucionarios era detonar un levantamiento contra el gobierno y a la vez retener una cabeza de playa en territorio cubano el tiempo suficiente para instalar un gobierno provisional ya formado en Estados Unidos, el cual solicitaría el apoyo y la intervención militar directa de Washington. Sin embargo, en menos de 72 horas de intensos combates, los mercenarios fueron derrotados por las milicias, las Fuerzas Armadas Revolucionarias, la Fuerza Aérea Revolucionaria y la Policía Nacional Revolucionaria de Cuba. El 19 de abril los invasores que quedaban fueron capturados en Playa Girón, el nombre que utilizan los cubanos para designar la batalla.

Víctor Dreke fue el jefe de las dos compañías del Batallón 117 que entraron a Playa Girón por el pueblo de Yaguaramas desde el oriente. Fue herido en combate.

Los bandidos en el Escambray y quienes los patrocinaron y blindaron desde Washington sufrieron otro revés en octubre de 1963, con la segunda reforma agraria. Con esta medida revolucionaria se confiscó las propiedades mayores de 67 hectáreas de los 10 mil agricultores capitalistas que quedaban, armonizando así las relaciones de propiedad sobre la tierra con las ya establecidas por la expropiación de la industria capitalista en la segunda mitad de 1960.

Ya para fines de 1964, según describe Dreke, la lucha contra bandidos en buena medida se había ganado. En una operación de limpieza, los últimos grupos de bandidos fueron liquidados en 1965.

Para nuevas generaciones de jóvenes en Cuba, esta historia de la lucha revolucionaria en el Escambray cobró vida nuevamente en 1999.

Ese año, ocho organizaciones, que representan a la mayoría de la población, se unieron para interponer una demanda ante el Tribunal Provincial Popular de Ciudad de La Habana y exigir que se obligara a Washington a pagar por las consecuencias humanas de sus esfuerzos por derrocar a la Revolución Cubana durante los últimos 40 años. Las vistas del tribunal en la Demanda del pueblo de Cuba contra el gobierno de Estados Unidos por daños humanos contaron con decenas de testigos que ofrecieron testimonios en los que detallaron los resultados concretos de los crímenes de Washington contra el pueblo cubano: miles de muertes y miles de millones de dólares en destrucción física. El 2 de noviembre de 1999, el tribunal emitió un veredicto condenatorio contra Washington que sumaba 181 mil millones de dólares en indemnización por el costo humano de estos crímenes.

Al ofrecer sus testimonios ante el tribunal, los testigos señalaron que, entre 1960 y 1965 en el Escambray, los bandidos fueron responsables de la muerte de 549 cubanos.

Señalaron también cómo la lucha para derrotar a los bandidos ayudó a movilizar la fuerza de los trabajadores y agricultores de Cuba durante esos años, fortaleciendo así a la Revolución Cubana para enfrentar los desafíos por venir.

■

WATERS: Más allá de Cuba, la lucha contra las bandas contrarrevolucionarias en el Escambray, en la primera mitad de la década de 1960, es un capítulo poco conocido de la revolución. No obstante, es una de las batallas decisivas que la formaron. Saber algo acerca de esta lucha también ayuda a explicar por qué, durante más de 40 años, Washington ha subestimado la fortaleza de la revolución. Y por qué, a pesar de sus coordinados esfuerzos militares, económicos y políticos, los gobernantes estadounidenses no han logrado aplastarla.

¿Quiénes eran los bandidos? ¿De dónde venían?

DREKE: Cuando hablábamos de la guerra de liberación, mencioné algunos de estos personajes que habían participado en la lucha revolucionaria, pero que en realidad eran unos aventureros. Otros eran unos arribistas, gente que quería coger poder, que pensaba que cuando triunfara la revolución iba a sustituir a los que habían estado robando. Incluso iban a sustituir a los que tenían prostíbulos e iban a pasar a ser los dueños de los prostíbulos y hasta de las prostitutas.

Al principio de la lucha, algunos de estos personajes intentaron aprovechar y alimentar las divisiones políticas. Como ustedes conocen, en la lucha en Cuba existieron varias organizaciones revolucionarias, y alguna de esta gente intentó utilizar las divisiones que surgían de ese hecho.

Está el caso concreto de Evelio Duque. En la época de la guerra revolucionaria Duque había tenido contactos con el Directorio Revolucionario. Aunque era campesino, no tenía nada en común con los guajiros nuestros, quienes son en general gente buena, noble y afable. Él era el reverso de la medalla.

Al triunfo de la revolución, fue uno de los que se dedicaron a visitar incluso a algunos compañeros conocidos que habían participado en la lucha, para captarlos para la contrarrevolución. Intentó crear una división interna entre las organizaciones que habíamos luchado juntas, organizaciones que habíamos aceptado la dirección de Fidel y del Che y cuya unidad había contribuido al triunfo de la revolución. Eso es lo que Evelio Duque intentó hacer.

Otro, Eloy Gutiérrez Menoyo, había estado en la lucha también, y había traicionado a la revolución desde el principio. Hizo la primera traición cuando dirigió una división del Directorio Revolucionario, lo que resultó en la expulsión del Segundo Frente Nacional del Escambray, del que hablábamos anteriormente. Y siguió traicionando.

William Morgan, el norteamericano agente de la CIA, era parte del Segundo Frente. Es otro que se alzó en armas contra la revolución.

Plinio Prieto, de la organización de los auténticos, de la gente de Aureliano Sánchez Arango, de Prío Socarrás, era gente que no quería saber nada de la revolución.

Sinesio Walsh era del Movimiento 26 de Julio pero no tenía nada que ver realmente con los principios del 26 de Julio.

Es decir, hubo individuos que pertenecían a una u otra organización revolucionaria, si el brazalete o las cosas que se ponían del 26 de Julio o del Directorio Revolucionario se aceptaban como legítimas. Pero de corazón no respondían a ninguna de estas dos organizaciones revolucionarias ni tampoco al Partido Socialista Popular. Eran traidores en potencia, aventureros que querían don de poder y don de seguir maltratando, robando.

WATERS: ¿Por qué se convirtió la sierra del Escambray en un centro de estas fuerzas contrarrevolucionarias? ¿Qué sucedía en el Escambray?

DREKE: En Cuba al triunfo de la revolución había medio millón de analfabetos, y otro medio millón que eran semianalfabetos. Esa era la situación concreta. Y cuando usted iba a Pinar del Río o iba al Escambray, aquello era terrible. No había luz eléctrica, no había agua. La poquita agua que había era de pozo. No había tiendas, y había pocos radios, ya que no se podía recibir transmisiones radiales en gran parte de estas zonas montañosas. Todo esto facilitó el trabajo enemigo.

Desde la época de la guerra revolucionaria, casi todos estos individuos que he mencionado estaban concentrados en el Escambray. Ellos "trabajaban" a algunos campesinos y lograban captar a algunos de ellos. Pero también en medio de esto maltrataban, asesinaban campesinos, violaban campesinas. Incendiaban escuelas y viviendas. Así que en la zona donde ellos estaban los contrarrevolucionarios creaban el terror entre los campesinos. Por supuesto, algunos se fueron conscientemente con ellos, pero otros se fueron por miedo. Iban preparando de esta forma lo que era el movimiento contrarrevolucionario.

Una de sus primeras expresiones fue el intento de toma de Trinidad a fin de liquidar la revolución. Me refiero al intento de desembarco organizado por el presidente dominicano Trujillo.[1]

Incluso había otros que no cometieron asesinatos, como Luis Vargas, para darles un ejemplo concreto. Él siempre había sido un bandolero, un bandolero que se dedicaba a robar. Robaba aquí, robaba allá, se comía una vaca, tenía cinco o 10 esposas. Luis Vargas siempre había estado alzado en el Escambray, hasta que al final, ya en la etapa nuestra, se acabó la fama de Luis Vargas.

En algunos lugares de la provincia de Las Villas, como en la zona de Sagua a Corralillo, había personajes como Benito Campos y su hijo Martí, los "Campitos". Estos y otros más estaban en las mismas condiciones desde el punto de vista de inmoralidad y en cuanto a la falta de disposición para combatir el ejército de la dictadura. Eran gente que sencillamente querían ser los nuevos millonarios.

WATERS: En varios de los discursos que dio durante 1962, Fidel habló de problemas en la aplicación e implementación de la reforma agraria en Matanzas y en el Escambray. Señaló que esta situación política fue responsable del hecho que los bandidos hubieran adquirido cierta influencia entre algunas

1. En agosto de 1959, un avión que transportaba contrarrevolucionarios armados, organizados por la dictadura de Rafael Trujillo en República Dominicana, fue capturado tras aterrizar en el aeropuerto de Trinidad, en Cuba surcentral. El avión era el mismo que Fulgencio Batista había utilizado para huir de Cuba siete meses antes.

Los contrarrevolucionarios pertenecían a la Legión Anticomunista del Caribe, compuesta por individuos de distintos países, incluida una gran cantidad de cubanos, varios de los cuales habían sido oficiales en el ejército de Batista. En el enfrentamiento murieron dos contrarrevolucionarios y varios de ellos fueron hechos prisioneros. Murieron también dos ciudadanos cubanos y nueve resultaron heridos.

capas de los campesinos.

Dreke: Sí, es cierto. Al principio no se llevó a la realidad una verdadera reforma agraria en el Escambray. ¿Por qué? Porque los que estaban al frente de la reforma agraria en Trinidad y en Sancti Spíritus no eran verdaderos revolucionarios.

Uno de los que estaban al frente de la reforma agraria allí, por ejemplo, era el contrarrevolucionario Evelio Duque que acabo de mencionar. Duque era el jefe del INRA en Sancti Spíritus, y él apartó de la reforma agraria y de su dirección a los revolucionarios. Apartó a gente como el comandante Julio Castillo, un revolucionario muy querido en Sancti Spíritus. Duque entonces captó a otros, como él, que no eran revolucionarios.

¿Qué hizo Duque? Cometió una serie de injusticias. Le quitó tierra al que no tenía que quitarle, o le quitó más. O le pidió dinero para no quitarle tierra.

La reforma agraria no se hacía como había dicho el Comandante en Jefe ni como la había planteado la dirección revolucionaria en la Ley de Reforma Agraria. Ni como la habían realizado el Che y los compañeros del Directorio en la etapa de la guerra.[2]

Uno que dirigía la reforma agraria era William Morgan, quien creó el Plan Rana Toro. Este sencillamente era un plan para llevar armas y esconderlas en Charco Azul, y preparar allí el alzamiento de los bandidos. Es decir, el mismo William Morgan que había asesinado campesinos y había violado mujeres en la etapa de la guerra en la zona donde operó el

2. Ver la "Orden Militar no. 1" de Guevara en Las Villas, reproducida en *Bajando del Escambray* (La Habana: Editorial Letras Cubanas, 1982), págs. 254–55. En inglés se reproduce en *Episodes of the Cuban Revolutionary War, 1956–58* (Pasajes de la guerra revolucionaria cubana, 1956–58; Nueva York: Pathfinder Press, 1996), págs. 419–20.

Arriba: manifestación de estudiantes universitarios en La Habana contra la dictadura de Fulgencio Batista es agredida por la policía, 15 de enero de 1953. Mario Chaple, en el suelo, acaba de ser baleado. Otro estudiante baleado, Rubén Batista, murió de las heridas semanas más tarde: el primer estudiante mártir en la lucha contra la tiranía. En la foto también se ve a José Antonio Echeverría, al centro, a la izquierda del hombre de sombrero; Faure Chomón está a la extrema izquierda. **Abajo:** Fidel Castro al ser interrogado, cautivo tras haber dirigido el ataque del 26 de julio de 1953 contra el cuartel Moncada.

"Fidel Castro tomó las armas contra Batista. Eso nos hizo sentir más confianza para emprender el camino de lucha revolucionaria".

BOHEMIA

OFICINA DE ASUNTOS HISTÓRICOS DEL CONSEJO DE ESTADO

“Protestamos porque creíamos que Batista era malo, pero no teníamos bien definido qué pretendíamos”.

MIL FOTOS CUBA

CORTESÍA DE VÍCTOR DREKE

Arriba: miembros del Movimiento Juvenil de la Federación Regional Obrera en Sagua la Grande conmemoran el 21 aniversario del asesinato de Antonio Guiteras, 8 de mayo de 1956. Víctor Dreke en cuclillas a la izquierda. La acción fue subsecuentemente disuelta por la policía. **Recuadro:** Antonio Guiteras, un dirigente del auge revolucionario de 1933 en Cuba. **Página opuesta, arriba:** Dreke ayudó a organizar apoyo para la huelga nacional de diciembre de 1955 librada por 200 mil trabajadores azucareros para protestar las medidas del gobierno encaminadas a reducir salarios; varios pueblos de Las Villas, donde se concentró la huelga, prácticamente fueron ocupados por los trabajadores y sus partidarios. **Abajo:** Dreke se unió a otros jóvenes cubanos para protestar el derrocamiento organizado por Washington del gobierno de Jacobo Arbenz en Guatemala, junio de 1954. En la foto, campesinos presos son conducidos a la estación central de la policía en Ciudad de Guatemala, julio de 1954.

BOHEMIA

CORBIS/BETTMAN

"La unidad de las fuerzas revolucionarias le dio la posibilidad a la revolución".

INSTITUTO DE HISTORIA DE CUBA

Arriba: dirigentes de unidades del Movimiento 26 de Julio y del Directorio Revolucionario en el campamento del Directorio en Dos Arroyos. De pie: Jorge Martín, Humberto Castelló, Faure Chomón, René Rodríguez, Rolando Cubela, Che Guevara, Ramiro Valdés. En cuclillas a la izquierda: José Moleón, Raúl Nieves. **Página opuesta, arriba:** familia campesina en las estribaciones del Escambray, cerca de Trinidad, alrededor de la época de la revolución. Está frente a su choza con techo de palma, vivienda típica en zonas rurales de Cuba antes de 1959. **Centro, derecha:** Raúl Castro se dirige al Congreso Campesino en Armas organizado por el II Frente Oriental del Ejército Rebelde, 21 de septiembre de 1958.

Combatientes del frente del Directorio Revolucionario en el Escambray, 1958: **abajo,** Tony Santiago y Faure Chomón (al volante), comandante de la columna del Directorio. **Centro, izquierda:** Ramón González Coro (Mongo), de frente a la cámara, y Raúl López Pardo (Raulín).

ANTONIO NÚÑEZ JIMÉNEZ

CORTESÍA DE VÍCTOR DREKE

OFICINA DE ASUNTOS HISTÓRICOS DEL CONSEJO DE ESTADO

BOHEMIA

"En Santa Clara todo el pueblo salió a las calles y se nos unió. Así actuaban las milicias incipientes de la revolución".

ANTONIO NÚÑEZ JIMÉNEZ

Arriba: durante la batalla de Santa Clara, los santaclareños estacionaron sus autos en medio de las calles para impedir el paso a los tanques de la dictadura. **Página opuesta, arriba a la izquierda:** Che Guevara afuera del cuartel del ejército en Santa Clara, primero de enero de 1959. **Arriba a la derecha:** un miliciano en Santa Clara posa con cócteles molotov después de la victoria. **Abajo:** cuartel del Escuadrón 31 tras rendirse el ejército, primero de enero de 1959.

CORTESÍA DE ALEIDA MARCH

PREFECTO ROMERO

ANTONIO NÚÑEZ JIMÉNEZ

La Caravana de la Libertad: las principales columnas del Ejército Rebelde entran a La Habana, 8 de enero de 1959. Encima del jeep, de sombrero, está Camilo Cienfuegos.

GRANMA

“En aquel momento, a ti te cambiaban de lugar en cuestión de horas. No había quién lo siguiera. Era una vorágine revolucionaria”.

RAÚL CORRALES

Arriba: medio millón de campesinos de toda Cuba fueron organizados para ir a La Habana, 26 de julio de 1959, muchos por primera vez en su vida. Los campesinos se hospedaron ahí con trabajadores de la ciudad. **Página opuesta arriba:** el 4 de marzo de 1960, el barco francés *La coubre,* que portaba municiones belgas para las milicias obreras, fue volado en el puerto de La Habana. Las armas habían sido compradas con contribuciones del pueblo cubano. El acto terrorista mató a 100 personas. **Centro:** miembros de las primeras milicias obreras cubanas marchan en La Habana en el desfile del Primero de Mayo, 1959. **Abajo:** miembros de la Sexta Compañía del II Batallón de Infantería de la Fuerza Táctica de Occidente del Ejército Rebelde durante ejercicios de entrenamiento, tras subir la montaña más alta de Pinar del Río a comienzos de 1959. Víctor Dreke está de pie, segundo desde la izquierda.

GRANMA

RAÚL CORRALES

CORTESÍA DE VÍCTOR DREKE

GRANMA

BOHEMIA

GRANMA

MIL FOTOS CUBA

"El Ejército Rebelde era el pueblo, el pueblo uniformado".

Página opuesta, arriba: milicianos en el Escambray aprenden a leer y escribir, 1961. **Foto superior:** familia campesina se alfabetiza, les enseña una brigadista, 1961. En la pared cuelga un retrato de Camilo Cienfuegos. **Recuadro:** Conrado Benítez, alfabetizador voluntario de 19 años de edad asesinado por las bandas contrarrevolucionarias, enero de 1961. **Página opuesta, abajo:** campesinas limpian arroz al preparar almuerzo de milicianos que combatían las bandas contrarrevolucionarias.

"Se hicieron batallones enteros de milicias campesinas del Escambray. Lo que el enemigo pensaba que iba a ser una cueva de bandidos se convirtió en un baluarte de la revolución".

BOHEMIA

VERDE OLIVO

BOHEMIA

Siguiendo las manecillas del reloj: comandante del Ejército Rebelde, al frente de la LCB, Raúl Menéndez Tomassevich interroga a un bandido capturado. Sinesio Walsh, jefe de una de las primeras bandas contrarrevolucionarias capturadas en 1960. Exhuman cuerpos de campesinos asesinados por bandidos, marzo de 1961. Desde el miliciano más joven en el Escambray al más viejo: combatiente de 14 años de edad a caballo, marzo de 1961. Andrés Aguiar, a la derecha, de 65 años. Milicianos en acción en el Escambray, marzo de 1961.

BOHEMIA

BOHEMIA

GRANMA

GRANMA

“Nuestras tropas nunca abusaron de ningún prisionero, a pesar de que ellos habían cometido tantos asesinatos y les teníamos odio”.

Arriba: El pueblo trabajador de Trinidad se une al cortejo fúnebre de los trabajadores papeleros asesinados por contrarrevolucionarios cuando regresaban a sus hogares después de sus labores, diciembre de 1963. **Izquierda:** Parte del armamento suministrado por Washington ocupado a los bandidos.

GRANMA

“Las luchas contra el imperialismo norteamericano avanzaban también afuera de Cuba. Por todo el mundo los movimientos de liberación arreciaban sus luchas para liberar a sus pueblos del coloniaje y del imperialismo, sobre todo en África”.

FOTOS: ARCHIVO DEL MILITANTE

Arriba: miles de congoleses protestan en Leopoldville contra la dominación colonial belga, enero de 1959. Las acciones comenzaron cuando los soldados belgas disolvieron una reunión “no autorizada” que discutía la independencia. Miles de congoleses respondieron erigiendo barricadas contra las ametralladoras de las fuerzas coloniales, las cuales mataron a más de 40 personas. **Arriba a la derecha:** la policía ataca mujeres que se manifiestan contra el apartheid en Durban, Sudáfrica, 1959. **Centro, derecha:** concentración en Argelia en apoyo a la lucha independentista contra Francia, comienzos de la década de 1960. **Centro, izquierda:** artilleros antiaéreos vietnamitas defienden su país de los bombardeos norteamericanos, mediados de los años sesenta. **Abajo:** dominicanas hacen frente a las fuerzas invasoras norteamericanas, 1965.

EDITORIAL CIENCIAS SOCIALES

“La posición de la revolución ha sido de apoyo a los movimientos de liberación de todos los pueblos de cualquier continente”.

POPPERFOTO

Arriba: Patricio Lumumba, primer ministro del Congo y dirigente de la lucha de liberación del país, en la ceremonia de independencia en junio de 1960, donde denunció “la humillante esclavitud que nos impuso” el imperialismo belga. Lumumba fue derrocado tres meses después en un golpe de estado respaldado por Washington y Bruselas, y fue asesinado en enero de 1961. **Página opuesta arriba:** (desde la derecha) Che Guevara, José María Martínez Tamayo (Papi), y Rogelio Oliva en el Congo, 1965. **Centro, izquierda:** mercenario perteneciente a las fuerzas organizadas por los imperialistas, al lado del cuerpo de combatiente congolés asesinado, 1964. **Centro, derecha:** Che Guevara sostiene a un niño junto a combatiente congolés, 1965. **Abajo:** bote en que los combatientes cubanos se retiraron del Congo a Tanzania, noviembre de 1965.

TRICONTINENTAL

TRICONTINENTAL

CORTESÍA DE ALEIDA MARCH

"La experiencia que acumulamos en el Congo nos sirvió para hacer lo que hicimos al ayudar a las luchas de liberación en Guinea-Bissau, en Angola y en otros lugares".

CORTESÍA DE VÍCTOR DREKE

Arriba: Amílcar Cabral, izquierda, dirigente del movimiento de liberación nacional en Guinea-Bissau y Cabo Verde —regidas por el colonialismo portugués—, con Víctor Dreke, jefe de la misión militar cubana en Guinea-Bissau, 1967.

CORTESÍA DE VÍCTOR DREKE

Arriba: combatientes cubanos de la misión militar a Guinea-Bissau, 1967. Desde la izquierda: Juan Gómez, Víctor Dreke, Reynaldo Batista, y Cintra Capote. **Derecha:** Víctor Dreke con Conchita Dumois en Guinea-Bissau, 1967, donde ella estuvo asignada a la inteligencia militar. Las mujeres realizaron otras tareas internacionalistas en África, pero antes de la misión militar de 16 años en Angola, Dumois fue la única cubana que se desempeñó allá en una unidad de combate. **Abajo:** unidad de cubanas artilleras antiaéreas y antitanques en Angola, 1988.

CORTESÍA DE VÍCTOR DREKE

JUVENTUD REBELDE

T.J. FIGUEROA/MILITANTE

OROZCO/JUVENTUD REBELDE

MARY-ALICE WATERS/MILITANTE

“Entre Cuba y África ha habido una retroalimentación profunda”.

Arriba: médicos voluntarios cubanos en Sudáfrica, 2000. **Centro:** el primer contingente del Destacamento Pedagógico Internacionalista “Che Guevara” regresa a Cuba de Angola, 1979. **Abajo:** el presidente del Congreso Nacional Africano Nelson Mandela y Fidel Castro, en una concentración en Matanzas, Cuba, 26 de julio de 1991.

Segundo Frente Nacional del Escambray, estaba preparando las condiciones para el alzamiento.

Otro era el famoso Jesús Carreras, que también había sido dirigente del Segundo Frente.

Es justo decir que, aunque el Segundo Frente estuvo dominado por un grupo de criminales y traidores, también hubo un grupo de jóvenes revolucionarios que terminaron entre sus filas. Ellos fueron víctimas de aquella gente y hoy están aquí junto a la revolución. La revolución no los ha desechado, porque no todos los del Segundo Frente fueron iguales. Decirlo sería ilógico y no es verdad. Puede haber casos excepcionales. Hubo casos de campesinos que se les unieron y luego abandonaron a los bandidos porque se percataron de que estaban equivocados.

Pero la dirección del Segundo Frente tenía características que la hacían actuar así. Y después se unió con otra gente y vimos que todos los que eran traidores y malversadores y violadores se unieron. Toda la calaña esa se unió. Unos procedían del Directorio, otros venían del Movimiento 26 de Julio y otros venían de otros lugares. Y todos se unieron con lo peor del Segundo Frente.

También es verdad que al Escambray, al principio, no se le dio la atención necesaria. No se utilizaron a las personas más adecuadas para ello, y no se controló debidamente. Debimos haber designado a los que asumirían las principales responsabilidades. Es mi criterio personal.

En 1959 ya estaban los bandidos. Esto lo sabía porque había participado con otros compañeros en distintas operaciones allí en el Escambray.

Los enemigos de la revolución ya tenían estudiada la situación, y vieron que el mejor lugar era el Escambray. Allí había problemas dentro de las filas revolucionarias, y nuestro trabajo era el más flojo.

Hubo algunos bandidos que habían asumido cargos.

Osvaldo Ramírez, el traidor asesino, era jefe del escuadrón del cuartel de Caracusey en Trinidad. Y lo primero que hizo fue botar a los campesinos de las fincas y quitarles las tierras. ¿Tú sabes lo que es eso? El capitán San Luis, que era jefe del escuadrón de Trinidad —y que posteriormente llegó a ser combatiente de la guerrilla del Che en Bolivia—, tuvo que ir allá y botarlo. Por eso licenciaron a Osvaldo. Pero fue un error permitir que Osvaldo ocupara el puesto de jefe del escuadrón allí.

Sinesio Walsh, el mismo del que hablábamos antes, fue nombrado jefe del escuadrón de Cruces.

Benito Campos —"Campito"— era jefe de la zona de Corralillo, donde cometió atrocidades.

Nosotros los revolucionarios que estábamos conscientes en aquel momento —y digo nosotros no solo hablando de Víctor Dreke— aún no éramos marxistas ni leninistas, pero por lo menos queríamos la revolución. Queríamos que los burgueses no volvieran al poder. Queríamos que los pobres fueran los dueños de esto. Queríamos la igualdad racial. Así éramos en aquel momento.

Pero el hecho es que en esa primera etapa les regalamos el Escambray a los bandidos. Hay que decirlo así.

Cuando llegó la primera limpia en 1960, cuando llegó el ejército, cuando llegó Fidel ahí, vinieron los campesinos y se hicieron batallones de milicias campesinas del Escambray. Ellos pidieron armas y defendieron el Escambray. Y lo que el enemigo pensaba que iba a ser una cueva de bandidos se convirtió, por el decidido combate revolucionario, en un baluarte de la revolución.

MADRID: En octubre de 1963, se decretó y se puso en práctica la Segunda Reforma Agraria, eliminando una de las principales bases sociales de las bandas contrarrevolucionarias, la de los agricultores capitalistas que quedaban.

¿Qué impacto tuvo esta ley en la lucha contra bandidos?

DREKE: La Segunda Reforma Agraria ayudó. Los terratenientes compraban a toda esta gente. Ayudaban a los bandidos. Pero nos estamos adelantando.

En el Escambray se hicieron varias cosas. Hubo un momento en que tuvimos que intervenir muchas propiedades. En eso participé con la gente del Escambray. Hicimos intervención de todos los carros de los contrarrevolucionarios, de todos los "timbiriches" —así les decimos a las bodeguitas o tiendas chiquitas— de aquellas gentes que eran ayudantes conscientes de los bandidos: los que ayudaban a los bandidos, los protegían, los escondían y les daban comida y suministros. Otros lo hacían porque los obligaban los bandidos. Había de las dos cosas.

Una madrugada, con el ejército —y cuando digo "ejército" digo las milicias del pueblo, el pueblo armado, los mismos campesinos— tomamos todo aquello. Fue una operación relámpago. Y cuando amanecieron ya no tenían nada. En un momento determinado los bandidos se quedaron sin suministros, se quedaron sin retaguardia. Después la volvieron a formar, pero los pusimos varios meses en esa situación.

En el Escambray hubo que profundizar el trabajo político de la revolución. Para ello se tuvo que hacer cambios en la dirección del partido, de las fuerzas armadas, de todo. El Comandante en Jefe, el Ministro de defensa Raúl, y Almeida —a quien se nombró jefe del Ejército Central— todos ellos participaron en esto. Y se volcó el trabajo político, ideológico, en el Escambray.

WATERS: La tropa, los milicianos que fueron decisivos para derrotar a las bandas, ¿eran todos voluntarios? Estoy pensando en lo que pasó en Nicaragua, donde hubo diferencias entre los sandinistas sobre si se debía combatir con voluntarios o con conscriptos a las fuerzas "contras" organizadas por Washington? La dirección sandinista al final decidió llevar a cabo una conscripción, y eso los enemigos de la revolución lo utilizaron para obtener apoyo.

DREKE: En nuestro caso eran voluntarios.

En la limpia participaron más de 50 mil combatientes, en su mayoría de la provincia de La Habana. Las milicias hicieron un gran cerco al Escambray.

WATERS: ¿Cuándo fue eso?

DREKE: La primera limpia del Escambray duró desde finales de 1960 hasta los primeros meses de 1961. Cuando ya quedaban pocas bandas, tuvieron que retirarse las tropas nuestras, y entonces en abril vino Playa Girón.

La tropa nuestra se retiró a comienzos de 1961 porque ya llevaba meses movilizada. Eran trabajadores y campesinos que habían dejado sus centros de trabajo voluntariamente, que no estaban en sus centros de trabajo. Como estaban participando en la limpia, no estaban produciendo. Es importante recordar que el enemigo utilizaba a las bandas contrarrevolucionarias en el Escambray para tratar de agotar los recursos de la revolución incipiente, que estaba luchando por resolver los problemas económicos del país.

A la mayoría de los milicianos voluntarios no se les pagaba. A los que con anterioridad eran trabajadores, su centro de trabajo les mantenía el salario y se lo pagaban a las familias. Pero la mayoría eran adolescentes que no habían estado nunca en la fuerza laboral. Solo después de algún tiempo, como "estímulo" —para usar la palabra moderna— se les empezó a dar 25 pesos mensuales a los jóvenes milicianos sin vínculo laboral anterior.

Todos estaban allá por decisión propia. Eran fuerzas voluntarias del pueblo.

Participaron decenas de miles de milicianos. Pero ¿cómo pudimos movilizarlos? Por hechos como los asesinatos de alfabetizadores, entre ellos Conrado Benítez y Manuel Ascunce,[3] y hasta de niños y mujeres campesinas inocentes, y todos los demás crímenes que habían cometido: las quemas de escuelas, las violaciones, los robos. El pueblo, indignado, repudiaba estos salvajes hechos.

MADRID: ¿Qué importancia tuvo la primera limpia del Escambray para asegurar la derrota de la invasión en Girón?

DREKE: Fue muy importante. Te puedo explicar por qué.

Estos bandidos dependían del imperialismo. No podemos ver a los bandidos solos, sueltos, como un grupo de locos que se alzó. No, no, no. Esto era una cosa organizada. Ellos se estaban organizando para poder ser la quinta columna ante una invasión de Estados Unidos. Era importante la misión

3. Conrado Benítez, un alfabetizador voluntario de 19 años de edad, fue asesinado por una banda contrarrevolucionaria en el Escambray el 5 de enero de 1961, junto con el campesino Eliodoro Rodríguez Linares. Manuel Ascunce, un alfabetizador voluntario de 16 años de edad, fue asesinado por contrarrevolucionarios en el Escambray el 26 de noviembre de 1961 junto a Pedro Lantigua, un campesino a quien estaba enseñando a leer y escribir.

Antes de la revolución, el 23.6 por ciento de la población cubana era analfabeto. En las zonas rurales el analfabetismo ascendía al 41 por ciento, y si se incluía a los semianalfabetos la cifra era mayor del 80 por ciento. Desde fines de 1960 hasta concluir 1961, el gobierno revolucionario organizó una campaña nacional para enseñar a leer y escribir a un millón de cubanos. En este esfuerzo fue fundamental la movilización de 100 mil jóvenes al campo, donde vivieron con los campesinos a quienes enseñaban. Gracias a esta campaña, Cuba eliminó el analfabetismo. Al concluirse exitosamente, la tasa de analfabetismo residual —las personas con discapacidades de aprendizaje y diversos tipos de impedimentos mentales o físicos que imposibilitaban su enseñanza— era del 3.9 por ciento.

que Washington les había dado a los bandidos.[4]

En aquella época de la primera limpia, los bandidos tenían como misión prepararse para atacar y tomar los principales pueblos cuando ocurriera la invasión —Trinidad y todos esos pueblitos allí— y tomar las carreteras. Además, esperaban que dentro de las ciudades los contrarrevolucionarios organizados se alzaran en aquel momento.

Es decir, todo eso era algo dirigido por el imperialismo.

¿Pero qué sucede?

El Comandante en Jefe, Fidel, dirigió la acción para liquidar las bandas antes de Girón. Había que poner fin a los asesinatos y al acoso de los campesinos. Además, se veía venir un ataque. Ya había distintos tipos de sabotaje de los bandidos en distintas regiones. Por ejemplo, cerca de Trinidad bombardearon tanques de combustible.

Por eso se hizo el esfuerzo de limpiar rápidamente el Escambray, para no tener nosotros detrás una quinta columna, armada y preparada.

4. Esta misión se describió en un informe de agosto de 1960 al presidente, citado por el entonces inspector general de la CIA, Lyman Kirkpatrick, en un balance de la derrotada invasión de Bahía de Cochinos. Aunque se redactó en octubre de 1961, el balance solo se divulgó hasta 1998. El memorándum de agosto de 1960 de la administración Eisenhower decía: "La fase inicial de las operaciones paramilitares contempla el desarrollo, apoyo y orientación de grupos disidentes en tres áreas de Cuba: Pinar del Río, el Escambray y la Sierra Maestra. Estos grupos serán organizados para una acción guerrillera concertada contra el régimen".

Kirkpatrick también cita un memorándum secreto de la Casa Blanca fechado el 11 de marzo de 1961, cuatro días antes de que la administración Kennedy decidiera cambiar la proyectada invasión: de la región del Escambray al área de Playa Girón. El memorándum informaba que el gobierno revolucionario "está haciendo buen uso de las milicias contra actividades guerrilleras y la filtración de gente y de equipos".

Cuando se produjo el desembarco de Girón, ya los bandidos que quedaban eran pocos. Estaban huyendo, estaban escondidos. No tenían control de nada. Esto fue entonces parte de la derrota del plan de la invasión norteamericana. Los invasores se quedaron sin retaguardia.

En las ciudades, inmediatamente la Seguridad del Estado los cogió a todos. Y cogió además a alguna gente que pensábamos que eran contrarrevolucionarios, pero que no lo eran. Porque en aquel momento, no se podía hablar nada en mal de la revolución. No podías decir, "Hace mucho frío y no hay abrigo". No podías decir eso porque era posible que alguien interpretara que eras contrarrevolucionario. Eso era así. Era cosa de "Patria o muerte". Porque, además, esa era la única salida.

Había gente que pensábamos que eran contrarrevolucionarios, por los informes o las apreciaciones de vecinos o compañeros de trabajo, pero que a la hora de la invasión salieron a la calle a buscar armas.

Pero a los verdaderos contrarrevolucionarios los neutralizamos. Así que los que quedaron, estaban amarrados de piernas. No podían hacer nada. Los invasores se quedaron sin fuerzas de reserva. Ellos creían que tenían aquí un ejército esperando que ellos llegaran. Pero no tenían nada. Su "ejército" estaba liquidado.

WATERS: ¿Dónde estabas cuando comenzó la invasión por Girón?

DREKE: En abril de 1961, yo estaba de jefe de la escuela de formación de milicias en Hatillo que mencioné antes. Después de terminado el curso, solicité un traslado para Oriente, para lo que se llamaba la Fuerza Táctica de Oriente, en Caney de las Mercedes, encabezada por el compañero Armando Acosta. Salí muy temprano en la mañana del 17 de abril de 1961, el mismo día de la invasión.

En el camino, pasé por Santa Clara, para recoger la carta de traslado al estado mayor.

Cuando llego, estoy mirando y todo es un ajetreo. Hay gente saliendo y entrando.

"¿Y qué ha pasado?" pregunté.

"Los mercenarios desembarcaron por Girón", me dijo alguien, aunque me parece que dijeron entonces "los americanos". Yo en ese momento tenía una idea de lo que era Girón, pero nunca había estado allí.

Cojo el carro y arranco para Girón. Cada vez que voy por un pueblo, pregunto, "¿Dónde es Girón?" Dicen que cerca de Yaguaramas, y sigo directo.

Cuando llego a Yaguaramas, lo que veo me emociona. La población está en la calle pidiendo armas y aplaudiendo a los combatientes que pasan por allí.

Al pasar por la zona, se sienten los tiros. Hay cañaverales quemados y algunos carros quemados.

Me encuentro con un grupo de compañeros milicianos del Batallón 117. Me hago cargo del batallón, y me pongo en comunicación con el compañero René de los Santos en el puesto de mando de Yaguaramas. Chocamos un poco más tarde ese día con una unidad enemiga de paracaidistas.

Por la tarde del 18 de abril, había instrucciones del Comandante en Jefe de que al amanecer, nuestra artillería iba a abrir fuego y después nuestras tropas iban a avanzar, para llegar a Girón a las seis de la tarde el día 19.

Mientras avanzábamos el día 19, vi que ya eran como las cuatro de la tarde y que nos faltaba un gran tramo. Cogí un jeep con dos o tres compañeros y dije: "Vamos para Girón".

La noche anterior, habían entrado tres tanques, junto con el compañero Emilio Aragonés, y ahora nos acompañaban. Pero en vez de ir junto con los tanques, que era nuestra protección, el jeep se adelantó a la compañía.

A las cinco y pico de la tarde, caímos en una emboscada de uno de los pequeños grupos que quedaban. Me hirieron de bala en la pierna cuando intentaba levantar el fusil. Me recogieron los compañeros en el jeep y me trasladaron para Santa Clara.

Una hora después de que me hirieron, nuestras fuerzas tomaron Girón.

WATERS: Después de la primera limpia y de la derrota de las fuerzas organizadas por Washington en Bahía de Cochinos, ¿en qué condiciones se hallaban los bandidos? ¿Cómo se reagruparon y reorganizaron?

DREKE: De esa primera limpia hay un grupo de bandidos que salen ilesos, que logran escapar, que se esconden allí. Están Osvaldo Ramírez, Tartabul y Campito. La nueva estructura de los bandidos se hace en una reunión famosa, que se llamó la reunión de Cicatero, en julio de 1961. Ya la CIA metía mano en aquello, con Osvaldo y con Evelio Duque, que habían estado juntos. Llega un momento en que hay discrepancia entre ellos dos por el mando. Pero en esa reunión, se crea una estructura que ya implica que los bandidos se dividirían en el Escambray por zona, por área.[5]

En respuesta, dividimos el Escambray en sectores, estructurándolos según la división que habían hecho los bandidos. Ya teníamos buena información a través de la Seguridad del Estado.

Entonces, se hicieron los sectores del Escambray: los principales eran el Sector A, el Sector F y el Sector G. El Sector A estaba en el Salto del Hanabanilla, que era un lugar muy im-

5. En la reunión celebrada en julio de 1961 en el pueblito de Cicatero, los dirigentes sobrevivientes de los bandidos dividieron el Escambray en cinco zonas. Para comienzos de 1962, había en la provincia de Las Villas unos 500 hombres en 41 bandas, así como otros 30 grupos en el resto del país.

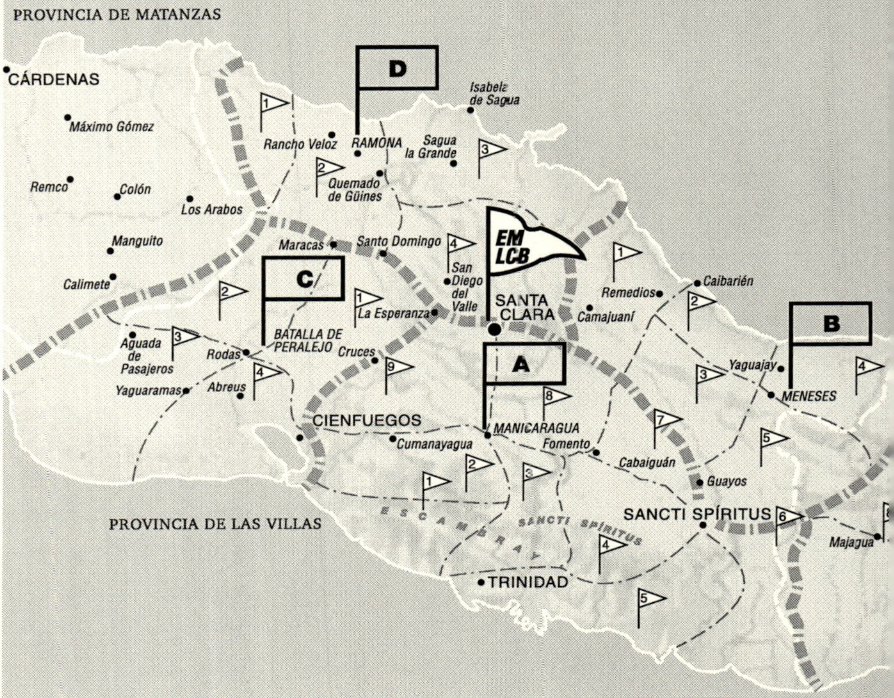

Organización de la Sección LCB del Ejército del Centro

- *Jefatura y Estado Mayor de la sección*
- *Unidades de aseguramiento combativo y servicios*
- *5 sectores con 30 sub sectores*
- *6 grupos operativos*
- *100 compañías (algunas de ellas se integraron más tarde en batallones)*
- *5 escuelas*

División territorial de la Lucha Contra Bandidos Desde julio de 1962 hasta julio de 1965

Objetivo

Preparar y emplear unidades especializadas en operaciones de lucha irregular dirigidas a liquidar definitivamente el fenómeno del bandidismo y proteger a la población civil y a las instalaciones económicas, políticas y sociales.

Misiones

Planificar y dirigir las operaciones militares para la captura o aniquilamiento de los grupos de bandidos en las zonas afectadas.

Organizar y preparar las unidades especializadas, encargadas de realizar este tipo de lucha, para ello crear una escuela por cada sector operacional.

Realizar una amplia, profunda y sistemática labor político, ideológica y social encaminada a elevar el nivel de comprensión de la población residente en estas regiones, sobre la justeza de la línea y principios de nuestra revolución socialista, contribuir al rápido aniquilamiento de las bandas y evitar el surgimiento de otras.

Proteger a la población civil y los centros económicos, políticos y sociales.

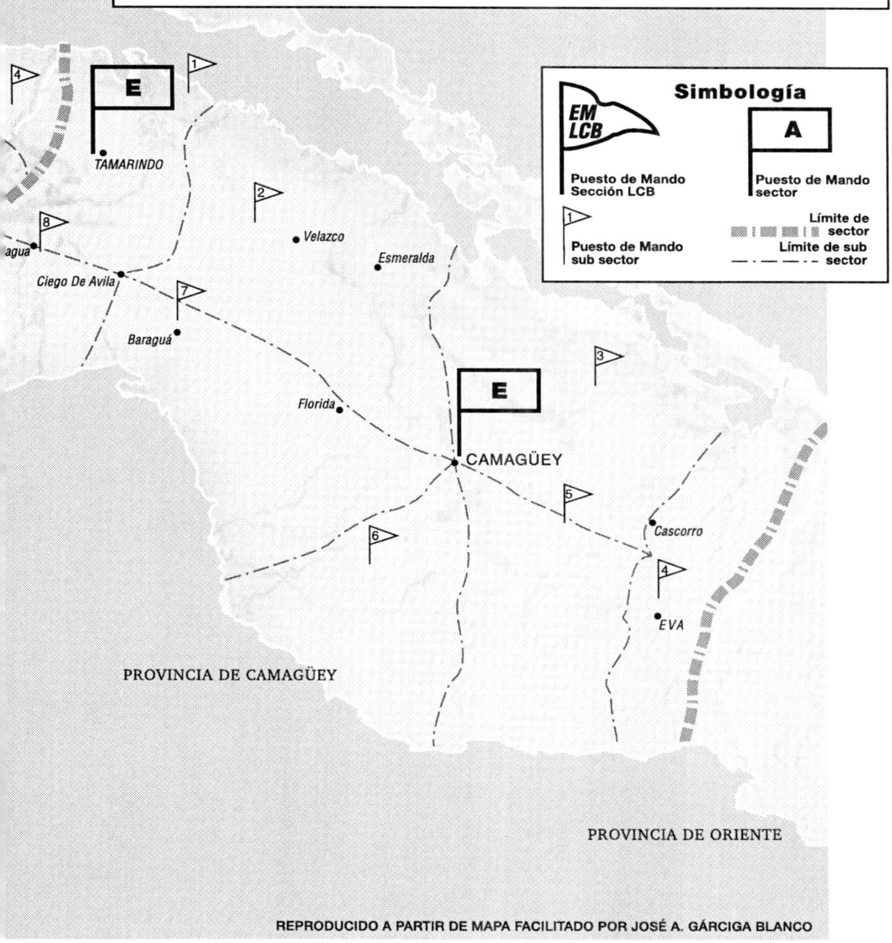

REPRODUCIDO A PARTIR DE MAPA FACILITADO POR JOSÉ A. GÁRCIGA BLANCO

portante, una de las zonas más montañosas del Escambray. El Sector F estaba en Banao, y el Sector G en Minas Bajas, hacia la zona de Santa Clara.

La jefatura de la sección del Escambray estuvo primero en Manicaragua. Después estuvo en Trinidad.

Se crearon otros sectores. Se creó el Sector B de la zona de Yaguajay, que abarcaba Florencia, Tamarindo, Arroyo Blanco, toda aquella zona donde estaba el bandido Mario Bravo y aquella gente. Se creó el Sector C, que cubría toda la zona de Rodas, Cartagena, parte de Cienfuegos y Aguada de Pasajeros, donde también había bandidos. El Sector D cubría Sagua-Corralillo. El Sector E era el sector de Camagüey, Ciego de Ávila y todos aquellos lugares que eran una sola provincia y que llegaban hasta los límites de la provincia de Oriente. Esos eran los sectores fundamentales en aquel momento. También estaban los sectores de Matanzas, pero que no voy a tocar ahora.

¿Qué características tenían los sectores y los subsectores?

Cuatro personas formaban la dirección de cada sector: un jefe militar, un instructor político, un jefe de información y un médico o enfermero. Ya que en ese entonces no teníamos muchos médicos, el cuarto a menudo era enfermero. En 1961, cuando empezó la alfabetización, se agregó un maestro, porque nuestros soldados eran analfabetos y ellos también se estaban alfabetizando. Los sectores se dividieron en zonas. Con esta estructura, se comienza la lucha de una forma más organizada y efectiva.

En julio de 1962, el Comandante en Jefe y el Ministro de las Fuerzas Armadas Revolucionarias crearon, como una especialidad, la Lucha Contra Bandidos. Esta nueva organización operaba en el Escambray, en la provincia de Las Villas y otras partes del país.

Los asignados a LCB éramos los mismos compañeros que

habíamos participado antes, persiguiendo a los bandidos, como miembros del Ejército Rebelde y de las milicias. La lucha contra bandidos la dirigía el compañero Raúl Menéndez Tomassevich. Antes la habían dirigido Piti Fajardo y luego Derminio Escalona; después de Tomassevich, Orlando "Pineo" Castro y Lizardo Proenza.

Yo pasé a ser segundo jefe de la sección de LCB y a la vez jefe del sector del Escambray, que tenía lo que son actualmente las provincias de Cienfuegos, Sancti Spíritus y Villa Clara. En aquel momento eran una sola provincia, Las Villas.

Se empezaban a hacer operaciones a partir de la información que daban los campesinos.

Ellos decían: "Hay un grupo de bandidos ahí".

Salíamos corriendo a cogerlos. Había veces que eran bandidos y otras que eran campesinos que estaban chapeando. Otras veces decían: "Hay bandidos ahí", y les decíamos, "Ahí no hay bandido ninguno. Este está loco; viene aquí diciendo mentiras". Y después resulta que había bandidos. Todas esas cosas pasaron en la primera etapa de la lucha.

Se crea una escuela de cabos, muy importante para nosotros, en Condado, que forma a los jefes de escuadras o pequeñas unidades que han de chocar primeramente con el enemigo.

El cabo es el jefe inmediato de una escuadra. Es un grado de gran importancia. Porque en una operación militar cada pedazo de terreno está cubierto por una escuadra, es decir por siete, ocho o diez hombres, según el lugar. Siete era la característica nuestra en esos momentos y entre esos siete hombres había un jefe.

Se creó una escuela para preparar a estos jóvenes para poder mandar, porque eran campesinos, obreros y estudiantes que no habían sido militares. No habían participado en la guerra de liberación. Y el Ejército Rebelde no alcanzaba para ocupar todos los cargos. Al triunfo de la revolución no sobrepasábamos de 3 mil los hombres que estábamos sobre las armas. Pero además, no era criterio nuestro que el Ejército Rebelde ocupara todos los cargos. ¿Por qué? Porque, como dijo Camilo, el Ejército Rebelde era el pueblo, el pueblo uniformado.

En el caso del Escambray teníamos la misma situación.

Además de los compañeros ya en el Ejército Rebelde, en la escuela estaban también los oficiales de milicias —que les decíamos tenientes de milicias— para que se formaran como jefes de batallón, jefes de compañía, etcétera. También había jefes de compañía, como en el caso de Gustavo Castellón —el Caballo de Mayaguara—, Julián Morejón, Catalino Olachea y otros que llegaron a ser muy famosos en Lucha Contra Bandidos.

En esa etapa, la Seguridad del Estado empezó a desempeñar un papel fundamental y superior al que había podido hacer anteriormente. Decía que había lugares donde había falta de información. Pero ya la Seguridad del Estado tenía hecho un trabajo. Y en cada sector nuestro había un grupo de la Seguridad del Estado. Hacían su trabajo, pero colaboraban con nosotros en LCB.

Además en esas zonas estaba ya la estructura del partido nuestro. La Federación de Mujeres, los CDR, la ANAP, la juventud: todos estaban trabajando en esa zona.[6] Es decir que ya las organizaciones revolucionarias estaban juntas y participaban con nosotros en todo aquel combate. Hicieron un

6. Esta es una referencia a la Federación de Mujeres Cubanas (FMC), los Comités de Defensa de la Revolución (CDR), la Asociación Nacional de Agricultores Pequeños (ANAP) y la Asociación de Jóvenes Rebeldes (AJR), la cual en abril de 1962 pasó a ser la Unión de Jóvenes Comunistas (UJC).

trabajo político-ideológico que fue bien importante.

Además, se tomó una serie de medidas sociales en el Escambray.

Se crearon centros médicos en toda la región con médicos de La Habana o Santa Clara, y se pusieron suministros médicos al alcance de la población. Los primeros médicos graduados después del triunfo de la revolución, los que estaban en escuelas de medicina cuando el triunfo, fueron enviados al Escambray. Creamos escuelas, y les proporcionamos maestros.

Creamos la Escuela "Ana Betancourt" en La Habana, donde iban las muchachitas del Escambray para aprender costura y otros oficios. Se alojaban en las mansiones abandonadas por sus dueños ricos, quienes en algunos casos habían sido los terratenientes de las campesinas. Después regresaban al Escambray para enseñar los mismos oficios a otras muchachas.

Además establecimos lo que se llamaba el Plan Escambray para desarrollar la agricultura en la región. Por ejemplo, los *elecebeanos* ayudaban a los campesinos durante la cosecha del café.

Los jefes de las unidades estábamos allí, en los combates peinando con los soldados y entrándonos a tiros con los bandidos. Es una de las cosas de nuestras fuerzas armadas que nos permitieron liquidar a los bandidos: el ejemplo personal del jefe, siempre con la tropa en el combate.

Hay veces que los compañeros relatan una anécdota mía, y que no la recuerdo, entonces no sé si es cierta. Pero dicen que una noche llegó un compañero ahí y me levantó. Me dijo, "Óyeme, tráeme la comida", o "Tráeme el agua para cocinar". Porque los oficiales vivíamos con el resto de la tropa y no nos diferenciábamos; no se sabía qué eras tú. Así era la Lucha Contra Bandidos.

El Comandante en Jefe fue el que dio el primer ejemplo tirando tiros contra los bandidos en el Escambray. Era un momento peligroso. La muerte de Fidel habría sido muy peligrosa para la revolución. Pero él decía, "Tenemos que dar el ejemplo". Y además, Fidel es Fidel, siempre en la trinchera de combate.

Ahora mismo tú ves que hay un ciclón y el Comandante arranca para allá y no hay quién lo pare.[7] Fidel es así. Y no quisiéramos que lo haga, pero lo queremos más por eso. Es igual con Raúl. El Ministro es nuestra mejor escuela.

Al empezar la lucha para eliminar a los bandidos, estas bandas cometieron muchos asesinatos. Porque si bien teníamos esta estructura, realmente no tenía fuerza operativa al principio. Una compañía tenía 100 hombres, digamos. Pero como actuaba en un territorio tan grande, hacías algo por aquí y los bandidos te golpeaban por otro lado. Ellos comenzaron a quemar las tiendas del pueblo, a asesinar a los brigadistas alfabetizadores, a meterles miedo a los maestros de la campaña de alfabetización.

Había momentos en que no podías hacer nada y te morías de rabia. Te hacían un asalto en un lugar, llegabas allí, hacías un peine, cogías uno o dos, pero al otro día te estaban haciendo otro asalto en otro lugar.

Llegó el momento en que empezamos la ofensiva. En ese entonces todavía no teníamos tropas movilizadas en Manicaragua, que era donde yo estaba.

Una mañana en 1963, llegó un informante de la Seguridad del Estado y nos dijo que había un grupo de bandidos a la

7. El Ciclón Flora azotó Cuba oriental en octubre de 1963, matando a más de mil personas, destruyendo unos 10 mil hogares, y dañando severamente la producción agrícola. En medio del ciclón, Fidel Castro fue a la zona afectada, y participó directamente en la operación de rescate.

entrada de Manicaragua. Allí hay un puente, del que hablé antes. A los bandidos los dirigía Porfirio Guillén, uno de los jefes que habían sido nombrados por Julio Emilio Carretero y Osvaldo Ramírez.

Les voy a decir la verdad. Yo pensé que aquello era mentira.

Le dije: "Eso es mentira".

Soy un poco tozudo. Pero entonces ordené a los compañeros, "Vamos a ver, hay que tirarles y veremos".

Pero en aquel momento no teníamos tropa allí. Teníamos una sola compañía, que era la famosa compañía del Caballo de Mayaguara, y parte de esa compañía estaba de pase. Era una compañía de 45 hombres, a veces 30 y pico de hombres. Esta compañía no llegó nunca a 100. Y no podías hacer un cerco con 35 ó 45 hombres; se te iban los bandidos.

Los tipos estaban allí porque estaban planificando un ataque a Manicaragua. Mira qué clase de vergüenza que se metan los bandidos a Manicaragua, ahí cerca de donde estaba la jefatura nuestra. Yo creía que nos estaban chivando. Que nos estaban chivando.

MADRID: ¿Cuántos bandidos había ahí? ¿Era una sola banda?

DREKE: Había 18 ó 19 bandidos escondidos allí. Era parte de una sola banda, la de Porfirio Guillén. Y estaba el Niño Deborah de segundo.

Fuimos a tirar la operación. ¿Con quién? Con cualquier compañero vivo. Recogimos a los cocineros. Fusiles para los cocineros. Fusiles para los maestros. Fusiles para todo el mundo y yo incluido, por supuesto. Y arrancamos para el lugar. Al llegar tropezamos con los bandidos.

Cogimos a casi toda la banda, entre ellos a Guillén. Se nos escapó el Niño Deborah, aunque lo cogimos después. Ellos nos mataron a tres compañeros.

Esto marcó un tremendo golpe para el despliegue de los bandidos.

Eso fue en 1963. Era un momento en que aún tenían fuerza. Vean que se llegaron a ubicar casi dentro de la ciudad, como no teníamos tropa pegando. Estaban confiados en que no se iba a poder operar contra ellos, que podían asaltar Manicaragua, entrarle a tiros y salir huyendo. Quizás no tomarla, porque para hacerlo tenían que matarnos a todos. Pero sí hacer aspavientos en Manicaragua, en la ciudad, y salir huyendo.

WATERS: ¿Cómo se derrotó finalmente a los bandidos?

DREKE: Tuvimos tácticas diferentes. Los cercos se tiraban de madrugada o de noche. No podían ser de día. Tenías que caminar de noche para sorprender a los bandidos durmiendo o comiendo. Acostumbraban a dar fiestecitas, a cada rato se tomaban sus botellas de ron y se quedaban dormidos allí, y así los cogíamos mejor.

En la etapa de frío, en que está lloviendo, esos eran los momentos correctos para operar porque los bandidos no se movían. Ellos buscaban un lugar donde acampar y se quedaban tranquilos allí. Cuando tenían confianza estaban dos o tres días, y esa era la mejor oportunidad en que los activos nuestros de la Seguridad del Estado lograban penetrar aquellas bandas. Eso pasó en todo el Escambray.

Después se movilizaron los batallones y se creó una división operativa.

Ya los batallones de LCB se movían no solamente en el Escambray sino hacia las distintas zonas de operaciones. Movíamos una división de un lado a otro, para que operara en otro lugar. Es decir, la movíamos hacia Sagua, la movíamos hacia la zona de Camagüey, que era una zona muy convulsa; hacia la zona de Jatibonico; para Sancti Spíritus, donde había mucho bandido, la zona donde operaba Mario Bravo. Movíamos estas unidades que iban a hacer este tipo de operaciones para erradicarlos.

Aquí hay una característica, que creo es importante que todo el mundo entienda, y es que nuestras tropas nunca abusaron de ningún prisionero. Nunca se les maltrató, a pesar de que estos prisioneros habían cometido tantos asesinatos y les teníamos odio. Porque hay que decir que les teníamos odio. Porque tú ves a campesinos asesinados, a mujeres masacradas, a niños huérfanos. Tú no quieres odiar nunca al ser humano, por supuesto, pero nosotros sabíamos quiénes eran los bandidos; teníamos su relación con nombre y apellido.

Había bandidos de los que nosotros decíamos, "Hay que perseguir a fulano y hay que cogerlo". Y en eso éramos testarudos todos los que estábamos en Lucha Contra Bandidos, empezando por Lizardo Proenza, el último comandante de la LCB, que fue un gran compañero en LCB. Tomás[sevich] era igual. Todos éramos así. Había que cogerlos. Porque detrás dejaban un reguero de muerte y desolación, de crímenes y asesinatos de inocentes que teníamos que detener.

Pedro González fue uno de los bandidos que estábamos decididos a coger. Cometió muchos asesinatos y logró crear pánico en la zona de Trinidad. Uno de sus últimos crímenes fue el ataque a una guagua que llevaba a trabajadores de una papelería que salían de la fábrica, en la carretera de Trinidad a Sancti Spíritus. Incendió la guagua y mató a algunos de los trabajadores. En aquel momento venía un carro del ejército y lo sorprendió, asesinando a los compañeros que iban dentro.

La banda de Pedro González atacaba un lugar y él inmediatamente se separaba del resto de la banda. Siempre andaba con uno o dos más. Esa era su característica. Tú cogías a los otros, pero González siempre se escapaba.

Anduvimos detrás de él hasta que lo cogimos un domingo

en una operación de levante. Le llamábamos operación de levante cuando no había un cerco, porque no tenías mucha gente. Tú coges tropa y vas peinando y caminando. De pronto te encuentras con los bandidos, los levantas y ellos salen huyendo. Ya tú sabes que hay bandidos por la zona y puedes calcular el tiempo que puede recorrer un bandido de un lugar a otro. Ya entonces te puedes preparar para tirarle un cerco.

Esas operaciones de levante eran muy importantes porque tú lograbas mover a los bandidos, saber dónde estaban, porque siempre se escondían.

Hubo momentos en que vinieron tropas de Oriente a Las Villas para participar en las operaciones. En 1963, por ejemplo, el compañero Manuel "Tito" Herrera llegó encabezando un batallón con FAL desde Oriente. El rifle automático FAL era el arma más potente que teníamos.

A este grupo de compañeros de Oriente le habían dicho que los bandidos andaban por la libre en el Escambray. Ya nosotros hemos pasado 40 años de la revolución, pero en aquel momento éramos jóvenes. Creíamos que si nos mandaban de La Habana para Pinar del Río, entonces nosotros éramos los mejores porque nos habían mandado a resolver el problema. "Vamos para allí. Eso lo resolvemos". No todas las personas pensaban así, pero los compañeros de Oriente llegaron pensando así.

Los primeros días no vieron bandidos, porque los bandidos estaban escondidos. Entonces preparamos un peine de levante. A los batallones de Lucha Contra Bandidos de Las Villas y al de Oriente los regamos en toda la carretera de Topes de Collantes. Esa es una de las partes más montañosas y más difíciles de peinar que hay en el Escambray.

Entonces, todos los compañeros estaban ahí. El capitán Herrera estaba al frente de sus tropas de Oriente. Toda la gente de Las Villas estaba también allí —el Caballo de Mayaguara y Olaechea— al frente de sus tropas. Íbamos pegados en fila india, entremezclados uno con otro. Y arrancamos un peine que duró como cuatro días.

¿Qué pasó? Que una gran cantidad de bandidos que habían estado escondidos hasta aquel momento salieron con el ruido del peine. Porque aunque tú digas que no lo haga, la gente habla. Además teníamos unos machetines para cortar las matas y poder pasar. Y ante este ruido los bandidos abandonaron el lugar, y hasta tiraron el fusil.

Esta operación trajo lo que yo calculo que es lo más importante, que fue la unidad de aquellos compañeros. Se acabaron aquellos regionalismos, de "Soy mejor porque soy de Oriente" o "Soy mejor porque soy de Las Villas". En los momentos de peligro y de lucha, tú no piensas en dónde naciste, sino que quien está al lado tuyo es tu hermano. No te interesa de dónde sea, sino su condición de revolucionario.

A través de esas acciones se fue creando en nuestros compañeros una concepción de identidad. Se creó el concepto de "elecebeano". Nosotros éramos elecebeanos. Los que participábamos en Lucha Contra Bandidos nos considerábamos un grupo. Y todavía tú lo ves. Todavía están ahí vivos y vienen y dicen, "Yo soy elecebeano".

Bueno, a medida que nos fuimos fortaleciendo, llegó la hora de liquidar a los bandidos en todos los lugares.

WATERS: ¿En qué año?

DREKE: Era ya en 1964, 1965. Los bandidos se acabaron ya en 1965. Cuando se terminó con los bandidos yo no estaba en Cuba. Yo ya estaba en el Congo.

Pero participé en una de las últimas operaciones, si mal no recuerdo, en la que cogimos a Mario Bravo, que era uno de los peores bandidos que había en la zona aquella de Camagüey, en la frontera entre Sancti Spíritus y Ciego de Ávila.

Se iban creando las condiciones para llegar al último paso

de liquidar a los bandidos.

Ya la Seguridad del Estado tenía calculadas todas estas operaciones, de sacar a un grupo de bandidos fuera del país y capturarlos en alta mar. Se había preparado esta maniobra, que era hacer creer a los bandidos que iban para Estados Unidos, y realmente iban para la cárcel. La historia se cuenta en la película *El hombre de Maisinicú,* que se refiere a Alberto Delgado. Este compañero era de la Seguridad del Estado y se había infiltrado a un grupo de bandidos. Él cayó en el cumplimiento del deber; lo asesinaron. Pero aquella fue una operación exitosa.[8]

Cuando se liquidaron a los bandidos en el Escambray, simultáneamente se estaban liquidando en el resto de las provincias.

Al final se hizo un acto muy bonito sobre la liquidación de los bandidos, en el que sentí no haber podido estar, donde habló nuestro Comandante en Jefe.[9]

8. Alberto Delgado, miembro de la Seguridad del Estado cubana que operaba en la finca Maisinicú, en el Escambray, se había hecho pasar exitosamente como uno de los contactos claves de los bandidos. En marzo de 1964, Delgado consiguió que el dirigente contrarrevolucionario Julio Emilio Carretero y su banda fueran a una embarcación que supuestamente los llevaría a Estados Unidos. En realidad, la embarcación "norteamericana" estaba tripulada por miembros de las fuerzas armadas cubanas, quienes apresaron a toda la banda. José (Cheíto) León, un dirigente de los bandidos que permanecía en el Escambray, supo del papel que Delgado había desempeñado en la operación y lo asesinó el 29 de abril de 1964.

   José Ramón Fernández describe este hecho en *Haciendo historia: Entrevistas con cuatro generales de las Fuerzas Armadas Revolucionarias de Cuba* (Nueva York: Pathfinder Press, 2001), pág. 131.

9. El 26 de julio de 1965, la concentración que conmemoraba el 12 aniversario del asalto al Moncada se celebró en Santa Clara, provincia de Las Villas. Fidel Castro habló en dicha concentración y se refirió a la victoria sobre los bandidos (ver las págs. 36–37).

¿Por qué se pudo eliminarlos? Por la unidad del pueblo, por la decisión del pueblo. Si no nos uníamos, sencillamente no los eliminábamos, porque seguían y seguían y seguían.

Pero los aplastamos. No hay duda. Hay gente a la que no le gusta que se diga que los aplastamos, pero había que aplastarlos. Eran asesinos, criminales. Nunca se les maltrató, nunca se les dio golpes, nunca se les vejó. Pero se les llevó a cumplir las penas que tenían que cumplir según lo que había hecho cada uno de ellos.

Es importante destacar el trabajo de muchos compañeros que pasaron como bandidos un tiempo pero que en realidad eran compañeros de la Seguridad del Estado, infiltrados. Como Alberto Delgado —el Hombre de Maisinicú— y otros compañeros que fueron asesinados.

Tienen el caso del comandante Tony Santiago, el mismo bajo cuyo mando estuve durante la guerra revolucionaria. Él estuvo mucho tiempo infiltrado como agente en organizaciones contrarrevolucionarias. Para casi todo el mundo era enemigo, salido de Cuba. Y era un compañero de la Seguridad del Estado que estaba cumpliendo una misión y lo mataron.[10]

Aquí a muchos de estos compañeros se les rechazaba. Nadie sabía nada, ni tu papá, ni tu mamá, ni la mujer sabía nada. Así que no les podías hacer ni una seña siquiera, porque era tu vida y la misión que peligraban. Y así hubo muchos que no supieron que estos compañeros estaban tra-

10. En octubre de 1959, trabajando para la Seguridad del Estado cubana, Santiago fingió romper con la revolución a fin de infiltrarse a las fuerzas respaldadas por la CIA. En enero de 1961 Santiago fue muerto en el mar cuando su bote fue hundido por piratas contrarrevolucionarios cubanos, quienes aparentemente desconocían su identidad. Santiago se dirigía a Cuba, donde iba a ocupar el puesto que la CIA le había asignado como jefe máximo de las bandas contrarrevolucionarias en el Escambray.

bajando en secreto para la Seguridad del Estado. Me imagino la alegría de estas familias y de otros cuando sabían la verdad.[11]

La labor de los trabajadores políticos de Lucha Contra Bandidos fue importantísima. Esos compañeros tenían una gran responsabilidad. Porque además de peinar monte con un fusil, y tirar tiros igual que tirábamos nosotros, tenían la dolorosa y amarga misión de llevarle a una madre la noticia de que su hijo estaba muerto.

Una noche cayó uno de los compañeros más jóvenes. Tenía 14 años. El mismo día que cumplió 14 años, o el día anterior, lo hirieron y al otro día murió. La familia estaba esperando en su casa a ver si le daban un pase, y lo que los compañeros hicieron fue llevarles el cadáver del muchacho. Eso es terrible. Es terrible ver eso.

Había veces que se tenía que informar también a algunas familias que no eran revolucionarias. Eso también es verdad.

Y se dio el caso de Tartabul, jefe de banda. Este fue un caso que personalmente nos impresionó mucho. Como les había dicho, éste logró escaparse del cerco, del peine que les tiramos en el Central Pastora en Manicaragua. Tartabul era de Cumanayagua, y su hermano, Lucas Tartabul, era jefe de una compañía nuestra de Lucha Contra Bandidos.

Me acuerdo que el día de la última operación contra Tarta-

11. En julio de 1987 la televisión cubana comenzó a transmitir una serie titulada "La guerra de la CIA contra Cuba", que reveló los nombres de 89 agentes de la CIA que habían estado trabajando en Cuba, acreditados como diplomáticos norteamericanos. Para presentar dicha información, Cuba reveló la identidad de 27 miembros de la Seguridad del Estado cubana, quienes durante años habían desempeñado dentro de Cuba el papel de doble agente. La mayoría había tenido que sufrir el escarnio de familiares, amigos, compañeros de trabajo y vecinos. Luego de las revelaciones, los 27 fueron tratados como héroes por el pueblo cubano.

bul al hermano se le dijo: "Oye, no te metas en eso". Porque sabíamos que el hermano estaba allí.

Y entonces vino y dijo: "Yo tengo que ir a la operación".

"No vayas a la operación, quédate afuera", le pedimos.

Y él realmente insistía, "No, yo tengo que ir a la operación".

No es como dicen los libros fantásticos. Él no chocó con el hermano. Pero quería participar en la operación. Su madre era una negra revolucionaria, que no entendía por qué su hijo estaba con los bandidos y no con el resto de la familia, que eran todos revolucionarios.[12]

MADRID: ¿Qué permitió que los bandidos siguieran actuando? ¿Quién los abastecía? ¿Quién les pagaba?

DREKE: Los bandidos se nutrían del apoyo que tenían del imperialismo norteamericano. De eso no hay duda. No lo decimos por una consigna, sino porque es verdad.

Primero, las armas que tenían llegaron de Estados Unidos. En la primera etapa tuvieron una gran cantidad de armas: ametralladoras calibre .30 y todo tipo de armamento. Por ahí están las fotos de las armas que usaban los bandidos. Tenían un suministro directo de armas de los americanos. Se les cogieron muchas armas pero otras se quedaron escondidas.

MADRID: ¿Las enviaban por avión?

DREKE: Por avión y por barco. Una gran cantidad de armas entró por la costa, por la zona de Sagua la Chica y Corralillo.

En aquella etapa no sabíamos que el jefe de nuestra marina de guerra en la zona de Sagua la Grande, el teniente Ramos, estaba traicionando a la revolución. Una de sus responsabilidades era patrullar las costas, y sencillamente no patrullaba nada, para que los contrarrevolucionarios recibieran las ar-

12. El bandido Roberto Tartabul murió en esa redada. Tres de sus hermanos fueron miembros de Lucha Contra Bandidos.

mas. Al final Ramos agarró una lancha y huyó de Cuba.

Por avión también entró una gran cantidad de armamento.

El dinero que usaban los bandidos se los mandaban los americanos. Mucho se los mandaban a través de las organizaciones contrarrevolucionarias, títeres que Estados Unidos había montado en Cuba.

Tenían agentes. Sacaban gente de Cuba y le daban alguna preparación. Ellos tenían una organización contrarrevolucionaria en el interior del país y una organización contrarrevolucionaria en el exterior dirigida por la CIA. Algunas de estas gentes —como Evelio Duque, Ramonín Quesada y otros— se fueron en la primera limpia en 1960 y 1961. Lograron escapar y salieron del país. Otros se quedaron en Cuba.

Eso no solo pasó acá en el Escambray. En Camagüey pasaba igual. Por toda esa zona de Nuevitas desembarcaban y metían armamento clandestino. Eso lo lograban porque en los primeros tiempos de la revolución prácticamente no existía nuestra marina de guerra; eran dos barquitos.

Entonces la ayuda que los bandidos tuvieron del exterior, del gobierno de Estados Unidos, fue fundamental para su conducta asesina y para que duraran el tiempo que lograron sobrevivir.

'Entre África y Cuba
ha habido una
retroalimentación
profunda'.

CORTESÍA DE ALEIDA MARCH

Víctor Dreke (izquierda) con Rafael Zerquera (Kumi) y Che Guevara en el Congo, 1965.

El Congo y más allá

De abril a noviembre de 1965, Víctor Dreke fue el segundo al mando de una compañía de 128 combatientes voluntarios cubanos en el Congo oriental. El comandante de la columna era Ernesto Che Guevara. Los voluntarios internacionalistas fueron al Congo a petición de las fuerzas de liberación pertenecientes al movimiento fundado por Patricio Lumumba. El objetivo de Cuba era ayudarles a derrotar al régimen neocolonial proimperialista de ese país.

Lumumba fue el principal dirigente del movimiento independentista en la antigua colonia belga y el primero en ocupar el cargo de primer ministro del Congo. Fue el más intransigente de los dirigentes congoleses que resistieron los esfuerzos de las potencias imperialistas por mantener a ese país bajo su dominio. En septiembre de 1960, unos meses después de que se ratificara la independencia, Lumumba fue derrocado mediante un golpe de estado organizado a iniciativa de los gobernantes norteamericanos y belgas. El jefe del estado mayor del ejército congolés, Joseph Mobutu, fue el instrumento servil de estas potencias. Lumumba, puesto bajo la "protección" de soldados de Naciones Unidas, fue capturado y luego asesinado en enero de 1961 por fuerzas leales a Moisés Tshombé, quien encabezaba un movimiento secesionista —con respaldo imperialista— en la provincia congolesa de Katanga.

A mediados de 1964, fuerzas que habían formado parte del movimiento de Lumumba impulsaron una nueva rebelión contra el régimen neocolonial. Los rebeldes lograron asumir control de Stanleyville (actualmente Kisangani), la segunda ciudad del país. Sin embargo, en noviembre de 1964 fueron derrotados con la ayuda de fuerzas mercenarias belgas y sudafricanas blancas —apoyadas política y militarmente por Washington— cuya misión era impedir que las vastas riquezas minerales del Congo escaparan del control imperialista. Al retomar Stanleyville, las fuerzas mercenarias masacraron a miles de personas.

A pesar de la derrota, un número considerable de combatientes rebeldes se reagrupó en diversas zonas del país. Fueron éstas las fuerzas que acudieron a Cuba y a otros en pos de ayuda. En respuesta, los voluntarios cubanos llegaron al Congo para ayudarlas en su preparación y apoyar su lucha. Al llevar a cabo esta misión internacionalista, la dirección del contingente cubano colaboró con otras fuerzas antiimperialistas en África, en especial con el gobierno revolucionario de Ahmed Ben Bella en Argelia. El esfuerzo internacional de apoyo a las fuerzas rebeldes congolesas gozó también del respaldo oficial de la Organización de la Unidad Africana (OUA).

En junio de 1965, cuando el contingente de voluntarios cubanos en el Congo aún estaba en vías de establecerse, en Argelia fue derrocado el gobierno de Ahmed Ben Bella por el ministro de defensa Houari Boumedienne. El golpe militar constituyó un significativo revés contra las fuerzas antiimperialistas revolucionarias en África y minó las posibilidades de brindar apoyo continuo a la lucha en el Congo. En octubre de 1965, la OUA retiró su apoyo a la lucha contra el régimen proimperialista. Debido a la decisión de la OUA, y a las profundas divisiones y otras debilidades en la dirección de las fuerzas en el Congo, los voluntarios cubanos se retiraron, a petición de los congoleses, en noviembre de 1965.

La mayoría de los voluntarios internacionalistas retornó rápidamente a Cuba. Sin embargo, Guevara y otros más fueron a Tanzania, donde permanecieron unos cuantos meses mientras se realizaban preparativos para abrir un frente revolucionario en Bolivia. Estando en Tanzania, Guevara escribió *Pasajes de la guerra revolucionaria: Congo*, usando como referencia el diario de campaña que había mantenido. El original de *Pasajes*, según lo preparó y redactó Guevara, se publicó por primera vez 33 años después, en abril de 1999.

A pesar de su desenlace, la misión de Che en el Congo resultó ser una preparación inapreciable para el apoyo de Cuba a otros movimientos de liberación en toda África subsahariana, incluidos los de Angola, Mozambique, Etiopía y Guinea-Bissau.

La misión internacionalista cubana más grande fue la de Angola, realizada entre 1975 y 1989, y en la que participaron más de 300 mil combatientes. Ellos ayudaron a defender ese país de una invasión sudafricana y de una fuerza insurgente respaldada por el imperialismo, de nuevo apoyadas por Washington. Según dijo Nelson Mandela, el apoyo cubano fue "un hito en la historia de la lucha por la liberación del África austral" y "un punto decisivo en la lucha por librar al continente y a nuestro país del azote del apartheid".

■

WATERS: Al publicarse hace unos meses el libro *Pasajes de la guerra revolucionaria: Congo,* quienes vivimos fuera de Cuba tenemos la posibilidad de comenzar a obtener, por primera vez, información exacta sobre este capítulo de nuestra historia revolucionaria.[1]

Fuiste el segundo al mando de las fuerzas cubanas en el

1. Ernesto Che Guevara, *Pasajes de la guerra revolucionaria: Congo* (Barcelona: Grijalbo-Mondadori, 1999).

Congo, trabajando directamente bajo las órdenes de Che; estás en una situación singular para poder hablar de esta misión.

¿Cómo comenzó? ¿Qué los llevó a la decisión de enviar voluntarios al Congo?

DREKE: En los años 60, hubo una lucha muy intensa, muy fuerte en Cuba para defender a la revolución contra los esfuerzos del imperialismo norteamericano por destruirnos. También fuera de Cuba hubo una lucha que avanzó contra el imperialismo norteamericano. Por todo el mundo los movimientos de liberación nacional estaban arreciando sus luchas para liberar a sus pueblos del coloniaje y del imperialismo, sobre todo en África.

La lucha en el Congo dirigida por Patricio Lumumba primero intentó conseguir la independencia del régimen colonial belga por medios pacíficos. Pero no lo logró. Los imperialistas decían que sí a la independencia pero todo era mentira.

Al hacerse patente esa realidad, llega un momento en que Lumumba decide que la única posibilidad de conseguir la liberación del Congo es por la vía de la lucha armada. Pero en enero de 1961 lo asesinan. El asesinato de Patricio Lumumba tiene una gran repercusión en el mundo, y esa repercusión también llega a Cuba.

Como ustedes saben, la posición de Fidel, de la revolución, era de apoyo a los movimientos de liberación y a la liberación e independencia de todos los pueblos en cualquier continente. Estábamos enfrascados en la idea de América, pero no estábamos ajenos a la situación de África y de otros pueblos.

A finales de 1964 y comienzos de 1965, el comandante Guevara hace un recorrido por África. Va a muchos países y se entrevista con muchos líderes africanos. Palpa realmente la situación que hay en África. Ve que en aquel momento hay una situación efervescente, revolucionaria, y que los congo-

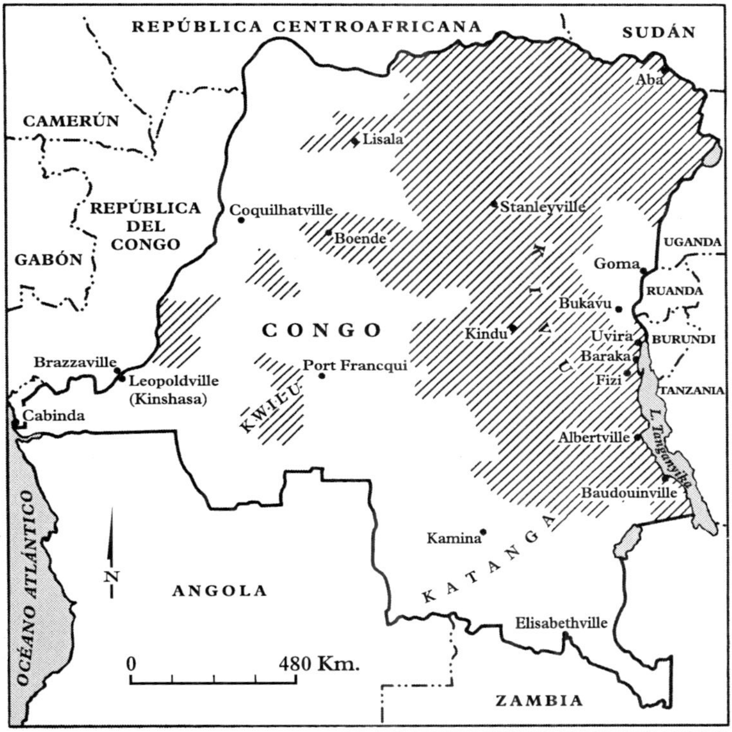

CORTESÍA DE PIERO GLEIJESES / CONFLICTING MISSIONS

Areas sombreadas indican las controladas por las fuerzas rebeldes, agosto de 1964.

Congo

leses están luchando por vengar el asesinato de Patricio Lumumba y tomar el poder del gobierno neocolonial instalado por las potencias imperialistas.

Mientras tanto, aquí en Cuba respondemos a la petición que hace la dirección del movimiento de Lumumba, entre ellos Laurent Kabila. Ellos nos piden una ayuda de instructores para el Congo. Primero, en realidad, hicieron una solicitud para enviar un grupo de compañeros congoleses a prepararse a Cuba. La respuesta que da el comandante Guevara —que se puede ver en su libro *Pasajes de la guerra revolucionaria: Congo,* y es también la respuesta de Fidel— es que lo mejor es prepararlos en el terreno, en el Congo. Los congoleses aceptan eso, y también la oferta de tener instructores cubanos en el terreno, quienes realmente puedan combatir, como parte de la lucha de liberación.

Esto no era intromisión nuestra. Los congoleses pedían una ayuda de Cuba. Además, en esos momentos estaban metidos ahí los belgas, los norteamericanos, los franceses, todo el mundo. El imperialismo estaba ayudando a las fuerzas contrarrevolucionarias en todo el mundo. Además, el imperialismo en aquellos años —igual que ahora, pero ahora con otra faz— estaba atacando mortalmente a la Revolución Cubana para tratar de liquidarla. Por lo tanto, la Revolución Cubana tenía el derecho y el deber de defenderse con todas las armas y con todos los hierros a su alcance. Ese es un contexto histórico que hay que entenderlo; es así como vemos el criterio de aquel momento.

A fin de que los congoleses se liberaran, decidimos darles la ayuda que pedían. Un buen día, a comienzos de 1965, cuando el Che sigue en su recorrido por África, me llaman al Ejército Central. Yo estaba haciendo precisamente esta operación contra uno de los últimos bandidos. Me comunican que me debo presentar al Estado Mayor del Ejército Central, a ver al jefe del Ejército Central, Calixto García.

Me presento allí y el jefe del ejército me dice que si estoy dispuesto a cumplir una misión, una misión internacionalista. Por supuesto, digo que sí.

"¿Cuándo salgo?"

"No, todavía no".

Me dan instrucciones de seleccionar a un grupo de compañeros del Ejército Central, en este caso de la unidad de Lucha Contra Bandidos. Y me doy a la tarea de escoger a un grupo de veintipico, 30 compañeros. Deben ser de los más valientes, que tengan experiencia en la guerra. En aquel momento teníamos la experiencia de los compañeros del Ejército Rebelde, de la Lucha Contra Bandidos y de Girón. Eran los avales que teníamos de los compañeros. Además, me dicen, estos compañeros deben ser negros, "bien negros". Son las instrucciones que me dan.

Empiezo a seleccionar a los compañeros, de forma muy discreta.

Los llamaba aparte, conversábamos, "¿Tú estás dispuesto a…?" A la vez les decía a los compañeros que no sabía cuánto duraría, "Cinco años cuando menos". La gente decía que sí.

Entonces, ¿qué pasaba?

Inmediatamente que aceptaba, el compañero cogía su mochila y se iba con nosotros. Se montaba al jeep que estaba afuera. Luego ibas a otra compañía y hacías lo mismo. Cuando tú habías pasado por tres compañías, ya llevabas a cuatro negros en el jeep. Nadie decía nada, solo que se iba.

Ante el hecho que veían, venía otro y decía, "Oye, yo quiero ir, llévame".

"No, que no vamos para ningún lado; vamos para una operación".

"¿Operación con cinco? ¿Adónde es que van éstos?"

Esto lo hacen simultáneamente y de igual forma en el Ejército Oriental el capitán Santiago Terry, y en el Ejército Occidental, el teniente Normando Agramonte, quien actualmente es embajador nuestro en el Congo-Brazzaville.

Así se logra formar una compañía, que era como se llamaba realmente este grupo. Aunque a veces le decíamos columna.

Todos vinieron para La Habana, en grupos aparte. Unos venían por un lugar, otros por otra zona. Fuimos para el estadio Pedro Marrero, donde nos reunimos con Manuel Piñeiro, con el capitán Luis Pérez, jefe de la Unidad 1546 —donde se entrenaban los compañeros que estaban en Pinar del Río—, el primer teniente Luis Matos, jefe de los servicios médicos, y con Ulises Estrada, del Ministerio del Interior.

Piñeiro me informó que yo había sido designado jefe de la misión, y que tenía que preparar a aquellos hombres. Luego llegó el resto de los compañeros, y el 2 de febrero de 1965 se formó esta compañía: una compañía que iba a cumplir una misión pero que nadie sabía dónde ni cómo era.

Por supuesto, había tantos compañeros negros allí que todo el mundo pensó que era África. No sabían si era el Congo o qué lugar era. Pero la gente empezaba el murmullo. Ya antes se había hablado de que no se podía hablar de la misión, ni entre ellos mismos, así que estaban cuidándose. Pero casi todo el mundo se hacía una idea al respecto.

Se creó la compañía con fusileros; se agregaron dos o tres compañeros para la artillería. La preparación combativa de esta columna se empezó en febrero. Nosotros, los del primer grupo, salimos en abril. Otro grupo se quedó preparándose.

Los compañeros del Congo habían pedido un contingente de 30. Se tomó la decisión de llevarles hasta una compañía, hasta una columna, para poder tener el respaldo de uno poder defenderse. Con 30 hombres tú no te defiendes. Además, el criterio que planteó el Che en aquel momento era que estos compañeros, es decir, nosotros, debíamos participar en las acciones armadas.

No sabíamos nada, ni yo, de que el Che va a ir a esta misión. Él nunca fue por el campamento: incluso, estaba en el exterior en recorrido, según oíamos por radio.

Seguimos nuestra preparación combativa. El Comandante en Jefe fue varias veces. Fidel participó en la práctica de tiro, dio instrucciones, les dio pases a los compañeros en momentos determinados para que fueran a sus casas, porque los habíamos recogido directo de los campamentos donde estaban y los habíamos llevado allá. Salíamos diciendo a nuestras familias que íbamos para la Unión Soviética. Mira tú, ¡tantos negros en la Unión Soviética!

MADRID: ¿Todos decían que iban para la Unión Soviética?

DREKE: Era todo lo que los voluntarios decían. "A la Unión Soviética, cinco años. Después te escribo para que sepas la dirección. Ahora no me puedes escribir. Que no sabemos para dónde vamos. Estamos pasando un curso de idiomas". La mayoría no teníamos más de quinto o sexto grado. Pero vamos a tomar un curso de idiomas. Eso fue lo que se les dijo a las familias.

Quiero marcar una cosa importantísima, y es que ese secreto no se le divulgó ni a la familia. Porque calculen ustedes que los imperialistas se hubiesen enterado de eso. No hubiéramos llegado, nos lo hubieran impedido.

Creo que es una de las cosas que más les duele a los imperialistas. Es un golpe de los tantos que el Comandante les ha dado. Cada vez que nos tiran uno, Fidel ha dado una respuesta. Pero no se enteraron de nada. Mucho menos de que iba el Che. En ese momento ellos estaban en el aire.

Bueno, nos seguimos preparando. El 30 de marzo se aparece Osmany Cienfuegos. Me dice que el Comandante en Jefe había decidido que yo no iba a ir al frente de la columna.

De inmediato acepto, pero reclamo mi derecho a participar aunque no sea jefe de la columna.

Me dice que sí, que voy a ir. Y que el compañero que va a encabezar la columna es muy buena gente y es muy amigo mío, que lo conozco y que él me conoce muy bien. Osmany me dice que no voy a tener problemas.

"Yo, problemas, con nadie", le digo.

Osmany me enseña varias fotos.

"Este compañero es Ramón, quien ha sido designado jefe de la columna. Es comandante". Es el único dato que me da Osmany, que se sabe que es comandante.

Veo la foto y no reconozco a ese comandante. En aquel momento ya yo era comandante también. Éramos pocos con ese grado y todos nos conocíamos. Habíamos peleado juntos en la guerra o estado juntos en algún momento o en alguna reunión. "¿De dónde salió el comandante este?", me pregunto.

"No lo conozco", contesto.

"Que sí, ¿cómo no lo vas a conocer, compadre?", me dice Osmany. "Tú lo conoces bien, yo sé que tú lo conoces".

"No, no sé quién es", insisto. "Bueno, comandante" —le digo a Osmany—, "ya veremos".

Al día siguiente, el 31 de marzo, Osmany me va a buscar y me lleva para una casa. Cuando llego, ahí está "Papi", o sea, José María Martínez Tamayo. Papi y yo no nos conocíamos. Nos presenta Osmany.

Ya en el trayecto Osmany me había explicado la historia de Papi. Me había explicado que es valiente, arriesgado. Pero no me dice que trabajaba con el Che, ni me menciona al Che por ningún lado.

Ya estoy en la casa. Cuando entro, veo a un hombre de espaldas, que está escribiendo unas cosas. Osmany va y habla con él. Y casi enseguida se levanta aquel señor y viene donde yo estoy.

Osmany entonces nos presenta: "Este es el compañero que va a ser el jefe de la columna, al que tú te vas a subordinar".

No lo reconozco. Ya no es solo por la foto que no lo reconozco. Cuando lo veo de frente ahí, cerquita, tampoco lo reconozco.

El Che interviene y él mismo me dice quien es. Ese ha sido uno de los momentos más inolvidables de mi vida, cuando me dijo que era el Che. Yo seguía sin reconocerlo. Estuvimos ahí un rato, y él siguió escribiendo.

Le quise explicar toda la historia de la columna: cómo se había formado y todo eso. Pero él estaba al tanto de todo aquello. Me preguntó algunas cosas específicas, sobre algunos compañeros que habían tenido algún problemita. Eso me dio a entender rápidamente que el Che estaba informado de todo lo que había pasado.

Más tarde ese día, el Comandante en Jefe vino y habló con el Che, Osmany, Papi y conmigo. Hay una foto de esto. Fidel nos explicó la misión y nos alentó. Dijo que tendríamos todo el apoyo que necesitáramos. Que nuestras familias estarían bien; que no nos preocupáramos por ellas.

En un momento dado vi que el Che le dio un sobre a Fidel. Después deduje que debió haber sido la carta de despedida del Che.[2]

La mañana del primero de abril salimos de Cuba nosotros tres, el Che, Papi y yo. Salimos de La Habana. Osmany nos llevó al aeropuerto. Llevábamos pasaportes diplomáticos. Y nuestras pistolas "diplomáticas".

Después de un gran recorrido, llegamos a Tanzania. Allí pasó algo muy parecido con el compañero Pablo Rivalta,

2. La carta de despedida de Guevara a Fidel Castro se encuentra en *El diario del Che en Bolivia* (La Habana: Editora Política, 1988), págs. XXIX–XXX.

quien era el embajador nuestro en Tanzania.

Rivalta había sido un compañero de la tropa del Che durante la guerra de liberación, y eran muy amigos. Y le presentamos al Che de la misma forma que me lo habían presentado a mí. No era para tomarle el pelo a Rivalta, sino para comprobar —que era lo que me había hecho Osmany— si realmente se reconocía al Che.

Hay una foto de cuando el comandante nos está despidiendo. Fidel está revisando el pasaporte del Che. Esto es importante. Como tenemos que pasar por una serie de países, me imagino que esa prueba se la habían hecho a varias personas más, a ver si es verdad que el Che no era reconocido.

Pero bueno, le presentamos al Che como un compañero que iba con nosotros, y le preguntamos a Rivalta si lo conocía. Ya Rivalta sabía que íbamos para el Congo, y había hecho los contactos con Rogelio Oliva, quien iba a servir de enlace nuestro entre la embajada cubana en Tanzania y la gente del Congo. Rogelio era el único de nosotros que sabía swahili.

Entonces Rivalta dice, "No, yo no lo conozco". Además, Rivalta lo mira así, raro.

El Che, en una de aquellas de sus arrancadas, le dice: "Vos seguís siendo tan comemierda como siempre".

Pablo Rivalta empieza a sollozar en aquel aeropuerto. "Cállate, cállate", le decimos. "¡Mira eso, tan grande!"

Nosotros hablábamos así siempre. Eso hay que explicarlo, porque si publicas eso así, alguna gente va a decir, "Mira, es lo que decíamos del Che, que maltrataba a la gente". No, el Che quería a Pablo, y se trataban con mutua confianza.

Pablo había sido parte de la columna del Che en la invasión de Oriente hacia Las Villas. Sucede que llevaba una serie de documentos y libros que el Che leía. En una emboscada fueron sorprendidos por el ejército. Tuvieron que salir apurados de ahí y a Pablo se le perdió parte de los libros del Che. Yo me imagino la descarga que el Che tiene que haberle dado. Entonces, el Che le estaba repitiendo aquello.

Y, además, cuando habló, habló ya con su voz, y entonces se espantó Pablo.

Bueno, en Tanzania tuvimos entonces el primer encuentro con la dirección del Congo. En ese momento no estaba Kabila allí. Estuvo Godefroi Tchamlesso y otro grupo más. Se les explicó la idea que llevábamos al Congo. Les dijimos que el Comandante en Jefe nos había dado órdenes estrictas de que estábamos subordinados totalmente a ellos. Explicamos que en vez de ser 30 compañeros como ellos habían pedido, iban a ser unos 100 compañeros. Se les contó toda la historia.

Les dijimos que el Che era el médico y el traductor nuestro, y que Papi era un compañero también de experiencia guerrillera y que iba como ayudante del médico. Dimos esta explicación porque el Che y Papi eran blancos y, como dije al principio, todos los que participaran tenían que ser negros, "bien negros".

Planeábamos salir rápidamente para el Congo. ¿Pero qué sucede? Que no estaban todas las condiciones preparadas. Había algunas armas, que era lo que más había. Pero faltaban botas, frazadas y algunas otras cosas. Los compañeros que tenían que haber asegurado todo esto solo empezaron a prepararlo hasta esa hora. Es entonces que fueron a buscar las cosas que faltaban.

Los congoleses aceptaron que podían ser 100, que no había ningún problema con esto.

Demoramos aproximadamente una semana antes de que saliera el primer grupo de 14. En el libro del Che vienen los nombres de todos los compañeros que conforman el primer grupo. El Che se dedicó ahí en aquellos días a explicarnos todas las ideas que tenía. Ahí fue donde el Che nos dio los nombres en swahili a cada uno de nosotros. Él se puso "Tatu", que significa Tres. Papi era "Mbili" (Dos) y yo era "Moja" (Uno). Nosotros llevábamos los tres primeros nombres. Y después se fueron incorporando de dos en dos, de tres en tres los compañeros hasta llegar a 14.

Aun cuando solo teníamos 10 compañeros, el Che estaba dispuesto a salir. Pero no había condiciones desde el punto de vista de la navegación para cruzar el lago. Uno de los temores que tenía el Che era que alguno de los grupos fuese descubierto y que eso les hiciera imposible entrar. Pero además, de que por alguna indiscreción o algo se pudiera llegar a descubrir que era él. Estaba preocupado, no desde el punto de vista de su integridad física, sino desde el punto de vista revolucionario de que no iba a poder cumplir la misión.

Había dos riesgos. Uno era que el enemigo lo descubriera. Otro, que los congoleses se percataran de que era el Che y no estuviesen de acuerdo de que entrara al frente de combate. Entonces el Che estaba apurado por entrar.

"Vamos a entrar diez".

Al final llegaron los últimos ocho compañeros. Entramos catorce y cuatro compañeros se quedaron, enfermos o por falta de equipos.

El médico "Kumi" [Rafael Zerquera] dijo: "Dentro de dos días se reponen. Podemos esperar dos días".

El Che dice, "No, dos días no. Que se queden y que vayan después con el otro grupo".

Y eso es lo que hicimos.

Tchamlesso, el compañero congolés a quien le decíamos "Tremendo Punto", entró con nosotros.

Llegamos a Kigoma, que es donde tú haces el embarque. La noche del 22 de abril, cuando íbamos a salir, no pudimos por dificultad en el barco. Así que salimos la otra noche, el 23, y llegamos el 24 al amanecer. Desembarcamos en Kibamba.

La odisea fue grande; el barco hizo agua por el camino. Pa-

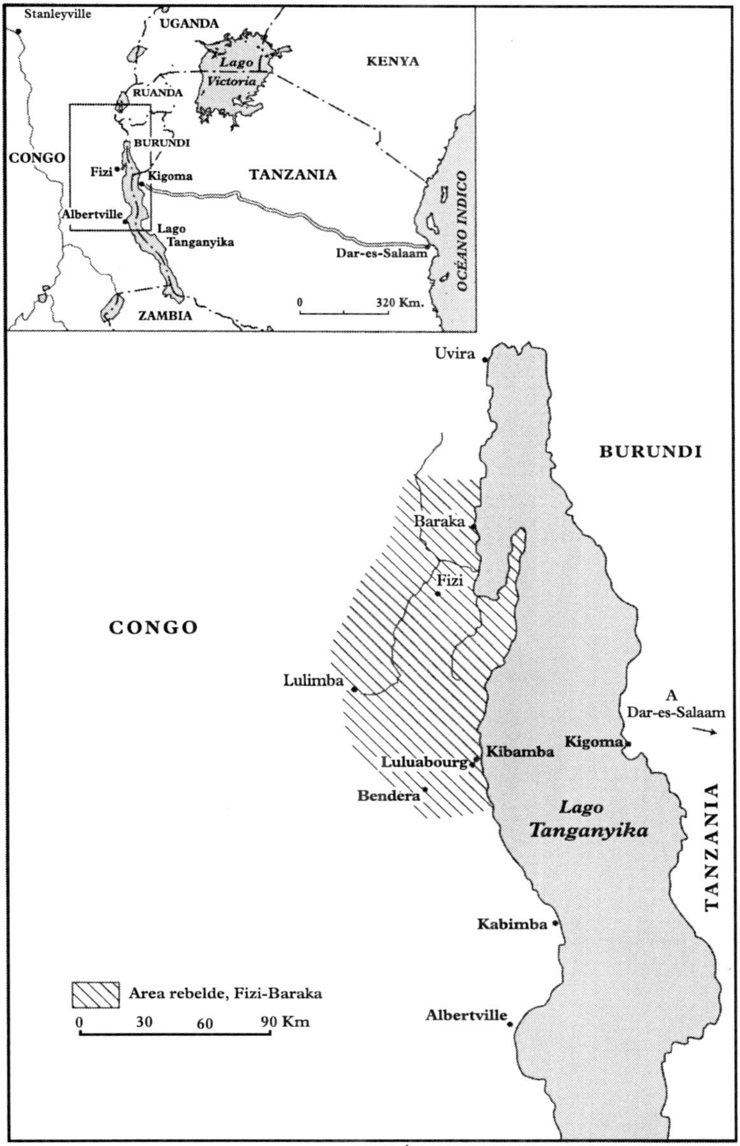

CORTESÍA DE PIERO GLEIJESES / CONFLICTING MISSIONS

Areas sombreadas indican las controladas por las fuerzas rebeldes, comienzos de 1965.

Congo oriental, 1965

samos apuros porque los congoleses estaban acostumbrados a bailar, a cantar. Estaban en peligro, pero cantaban y bailaban y tocaban.

Y tú les decías: "Cállate la boca", y no se callaban. Pero eso era así. Nosotros no entendíamos eso.

Estábamos en medio del lago, haciendo una operación de desembarco, y los congoleses decían: "Mira las luces". Nos decían que eran las luces de los barcos de Tshombé que estaban recorriendo el lago. Nosotros metidos en aquel lago, y tú no podías gritar, no podías hablar. Pero ellos no te hacían caso. Seguían cantando y cantando, hasta que logramos llegar sin ningún percance a la orilla opuesta.

Ahí tuvimos el primer contacto con los guerrilleros congoleses.

El Che mandó a hacer una exploración del área, para ver dónde estábamos. Se decidió que nos quedaríamos en ese campamento durante dos días, para después subir a otra base, en la loma más alta que hay por aquella zona. Y fuimos a hacer una exploración ahí para preparar las condiciones y poder subir.

Llegó un día en que el Che decidió decirle a Tremendo Punto quién era él y mandarle un mensaje a Kabila. Porque Kabila tampoco sabía. Sabía que habían entrado los cubanos pero no sabían quiénes eran. Solo que había entrado un tal "Moja", un oficial del ejército de Cuba, con un grupo de cubanos.

Entonces se reunió el Che con Tremendo Punto y le explicó que era el Che. Tremendo Punto se dio un susto. Empezó a gritar, "¡Escándalo internacional!" Con las manos puestas en la cabeza se echó a correr. Corría como si alguien lo estuviera persiguiendo. "¡Escándalo internacional!" Decía que se iba a producir un escándalo internacional al saberse que el Che estaba ahí alzado, como parte de la guerrilla.

Entonces el Che mandó con él un mensaje a Kabila, diciendo que estaba ahí, y que le estaba subordinado totalmente.

Después, en los primeros días, el Che se enfermó. Le dio paludismo, que se le complicó con el asma. Le dio una fiebre muy fuerte. Se discutió y ahí el médico nuestro se arriesgó a sugerirle que había que mandarlo para Cuba, sacarlo de ahí a curarse. Y el Che por poco lo mata.

"De aquí no me voy", dijo.

Pero de verdad que lo vimos muy mal. Además nos asustamos todos.

Nosotros habíamos oído hablar de paludismo pero no sabíamos lo que era. Empezó aquel hombre a ponerse mal, con dolor en las articulaciones, con vómito, con 40° de fiebre. Estaba delirando este hombre, hablando cosas. Además, estábamos en medio de aquella montaña donde hacía un frío que titiritaba todo el mundo. Después, el paludismo ya no nos asustaba. Pero aquel día sí.

WATERS: En su introducción a *Pasajes de la guerra revolucionaria: Congo,* Che sostiene que el libro narra "el proceso de descomposición de nuestra moral combativa". Es importante entender qué sucedió y por qué, dice, para extraer lecciones que les sirvan a otros combatientes en el futuro. Los enemigos de la revolución hacen campaña en torno a esta cuestión, y dicen que fue una derrota colosal, una aventura total. Nos interesa saber lo que piensas. ¿Cuál es tu balance?

DREKE: Mi criterio lo tengo avalado por el tiempo que estuve junto con el Che y porque lo conocí un poco. Hay compañeros que estuvieron más años con él. Pero yo tuve la oportunidad de estar con él en ese momento y de saber lo que pensaba de África.

Entonces tengo esa responsabilidad, ese deber histórico de ayudar a contar esta historia. Es un privilegio que me ha dado la revolución. El Comandante en Jefe y el Ministro [Fidel Castro y Raúl Castro] me dieron el privilegio de poder participar en esta acción con el Che. Eso pudo haberlo hecho otro compañero. Había miles de compañeros dispuestos a salir de Cuba con el Che, con iguales condiciones, o con más condiciones que yo: miles de compañeros. Pero me tocó. Por lo tanto tengo una responsabilidad histórica que tengo que cumplir.

Primero, puedo decir que todo lo que el Che escribió en el libro —a lo que no se le cambió ni una coma— fue así, se desarrolló como el Che dice. No hay ninguna duda.

Cuando dicen que lo que pasó en el Congo fue un fracaso, simplemente están tomando las palabras del Che. Toman los momentos difíciles que tuvo el Che cuando él hizo esas apreciaciones: él siempre escribía en el momento lo que pensaba, lo que vivía en ese momento. Los enemigos de la revolución toman eso para manipularlo. Los blandengues lo cogen también, y quizás alguna gente confundida.

Cuando el Che planteó salir de Cuba con nosotros, y planteó que eran cinco años como mínimo, para derrotar en principio, no pienso que pensaba tomar todo el Congo. El Congo no es Guanabacoa.[3]

El Che dijo cinco años. Si hubiéramos llegado a tener esos cinco años y no hubiéramos conseguido la victoria que el Che pensaba, entonces para él habría sido un fracaso. El Che no tenía términos medios para autocalificarse. Era blanco o negro. No podía ser medio blanquito, medio negrito. Uno gana o pierde. Creo que es una de sus expresiones. Él pensaba, "Tenemos que ganar, no podemos perder".

En el libro, el Che define eso como una derrota. Pero deja abierto el margen para que después opinen otros sobre esto

3. Guanabacoa es un pueblo al este de La Habana.

y que se analice con el correr del tiempo y de los sucesos esta situación.

Han pasado 34 años desde aquello. Cada vez que me entrevistan sobre este aspecto busco la forma de, primero, decir siempre la verdad. Segundo, no crear confusiones. Y tercero, no crear divisiones. Porque pienso que todo lo que nos divide es malo. Tenemos que unirnos.

Pero creo que en este momento el Che haría otro análisis de eso. Estoy totalmente seguro. Seguiría diciendo que teníamos que haber ganado, que estábamos peleando para ganar y no ganamos. Pero hay cosas que ven en el libro, en las que el Che se echa la culpa y que, cuando usted analiza, el Che no tiene culpa ninguna.

Hay situaciones que él no podía resolver. Primero, porque 128 hombres no pueden cambiar las características de un país en África como es el Congo. El Che hizo todo su esfuerzo, y si no es por él, en vez de durar siete meses la guerra después de que llegamos, dura dos meses y se acaba. Porque cuando llegamos al Congo, la guerra prácticamente no existía.

Creíamos que allí todo estaba listo, que había tropa en el terreno. Que lo único que ellos necesitaban era un poco de preparación militar.

Pero no teníamos toda la información correcta de la situación del Congo. Gran parte de la información que habíamos obtenido por distintas vías la habíamos obtenido en las capitales de diversos países. Y, dolorosamente, en muchos movimientos de liberación —no solamente del Congo, de otros lugares también— los compañeros están acostumbrados a aumentar las cosas. Si cogen un fusil dicen que cogieron 10 fusiles. Si matan a un soldado dicen que fueron 20 soldados. No es la característica de la Revolución Cubana, que al relatar los hechos nunca puso una bala de más, ni un muerto de más, ni un preso de más. Y en aquel momento pensábamos que los congoleses eran iguales que nosotros. Eso tengo que decirlo con toda honestidad. Creíamos que ellos pensaban igual que nosotros. Imaginábamos que el líder congolés que nos esperaba allá era como Fidel Castro, Raúl Castro, Almeida, Ameijeiras... no sé.

Pero era distinto. Una de las cosas que nos chocó fue que los principales dirigentes del movimiento de liberación del Congo no estaban en el frente. Pero que cuando tú sigues penetrando en la lucha de liberación de África te percatas de que eso pasaba en toda África.

Todos los movimientos de liberación de África se desarrollaron en la frontera, en los países fronterizos. Nosotros no entendíamos eso. Éramos jóvenes acostumbrados a que Fidel estaba con nosotros día y noche, y aquí y al lado, o Almeida, que estaba de jefe en el Escambray. Los compañeros estaban ahí, en el frente de la lucha. Pero en África no era así.

Tú ves en el libro del Che, cómo los congoleses dependen de la *dawa,* es decir, la hechicería, el rito religioso que se hacen. Y dependían de eso para pelear, para moverse. Nosotros les decíamos, "Si te demoras dos o tres horas haciéndote eso, nos agarran los soldados". Pero ellos dependían de eso.

Además había cosas que pensábamos aquí, que allá no eran iguales. Diciendo la verdad, aquí casi nadie sabía nada de África. Lo que sabíamos de África era de las películas de Tarzán y Cheeta la mona. Y lo poco que podíamos leer en la época —de aquellas cosas de la historia— tampoco nos decía nada, porque la historia que leíamos en el instituto o en las escuelas superiores era la que hicieron los capitalistas, los explotadores coloniales de África. No decía la verdad de África. Por lo tanto, aquí casi nadie sabía nada de África, salvo algunos líderes que sí sabían.

Incluso ahora, a 34 años, no sabemos todo de África. Los mismos africanos no lo saben todo de África. Hay lugares del continente que hasta los mismos africanos no conocen. Y hace 34 años era peor que ahora, ya que no había comunicaciones, no había noticias, no había radio, no había nada.

Podíamos estar con cinco compañeros africanos y cada uno hablaba un dialecto distinto. El Che hablaba francés, pero la mayoría no entendía francés. El francés lo entendía la dirección, pero había que ir a hablar con ellos a Kigoma en Tanzania o a Francia. La gente no hablaba francés. Había que aprender el swahili.

El Che se castigaba por no haber aprendido el swahili. ¿Pero qué más iba a aprender el comandante? Fue profesor nuestro, dio clases de matemáticas, de español, de filosofía, nos dio a un grupo clases sobre *El capital,* era médico, era guerrillero. ¿Que además él iba a ser también profesor de swahili? Era un maltrato que se hacía él mismo, la falta de swahili. Yo me imagino que si él hubiese sabido todas esas cosas antes de ir para allá, habría estudiado swahili aquí en Cuba. Si hubiésemos sabido, pero es que no teníamos estos elementos.

¿Qué pasa también?

Hubo algunos compañeros cubanos que decidieron venir de regreso, que en verdad fueron muy pocos cuando tú sacas la cuenta. Pero a la mayoría de esos compañeros no los catalogamos de cobardía. No fue por cobardía sino porque realmente no entendieron.

Eran muchachos que tenían 18 ó 19 años en aquel momento, otros 20 ó 25 años. Muchachos que prácticamente habían nacido ahí y habían visto el proceso de la revolución. Tenían una imagen de la lucha guerrillera nuestra, que era distinta. Era un grupo de muchachos que apenas tenían tercer grado, cuarto grado. No fue que se escogieran analfabetos. Es que, antes de que la revolución triunfara, gran parte de la población cubana había sido analfabeta o semianalfabeta, especialmente en las zonas rurales. Además, esos que eran analfabetos o semianalfabetos eran de la gente más valiente, más guapa, de los mejores soldados revolucionarios, porque estaban defendiendo a la clase obrera. Independientemente de que había buenos estudiantes, revolucionarios de nivel, en la revolución la gran mayoría de la fuerza que hizo la revolución en aquellos años —hacía solamente cuatro o cinco años desde el triunfo de la revolución— habían sido proletarios. La gente más pobre, la gente más humilde.

Cuando además —dentro de esa capa más pobre, más humilde— tomabas a los negros, bajaba aún más el nivel de instrucción. Esa es la verdad histórica de nuestro país. En aquel momento, en 1965, los negros aún tenían un nivel de instrucción más bajo. Recuerda que esto ocurría apenas seis años después del triunfo de la revolución, cuatro años después de la campaña de alfabetización. Eso se reflejaba en el hecho que algunos de estos compañeros no entendían.

No entendían algo fundamental: que el Che, como revolucionario, se sentía igual que uno de nosotros, desde el punto de vista personal, pero que tenía que dar más, hacer más que nosotros. Así era él. No entendían que el Che estuviese jugándose la vida mientras que los dirigentes congoleses no estaban. Eso no lo entendía aquella tropa. Esa es la verdad histórica.

¿Y cuál fue la reacción de algunos? Decir, "Me quiero ir". Algunos decían: "Me muero en otro lado pero con esta gente no, porque no pelean".

Algunos de los compañeros cubanos que en el Congo habían dicho que querían regresar, participaron después en la lucha de liberación de Guinea-Bissau. Participaron después en Angola, en Etiopía, estuvieron en Nicaragua y en otros países. Algunos de estos compañeros cayeron en esos países. Es decir que no era cuestión de miedo ni cobardía.

Tenemos que decir también en homenaje y en honor al Che

que él estaba claro de lo que estaba pasando y lo refleja en su libro. Aunque con una posición firme combatió las actitudes que prevalecían.

Fue una etapa muy difícil para el Che. Por un lado él quiso —y lo plantea en el libro— estar al frente de su tropa. Hubo una etapa en que él estaba en el campamento, con Pombo, a dos, tres, cuatro días de camino de donde la tropa estaba operando.

MADRID: ¿Por qué no podía estar Che en el frente con ustedes?

DREKE: Primero, porque había una indicación del jefe de la dirección, del compañero Kabila, el actual presidente del Congo, que le había dicho al Che que lo esperara. "Espérame ahí, que yo voy". Soumialot, el otro, "Espérame ahí, que yo voy". Entonces no podía irse sin antes ver a Kabila y salir para el frente.

Hasta que llega un día —eso lo explica también en el libro— que él "se escapa" y se va para el frente con nosotros. Ha cometido una violación también el Che. Se va con dos o tres gentes. Me manda un día un papel: "Oye, en estos días voy a escapar".

Se arriesga. Si yo me entero antes, mando otra tropa a acompañarlo. Es de las cosas que hacía el Che. Que si no hacía eso, no era el Che.

WATERS: Cuando fueron a África, ¿pensaban en algo más allá del Congo?

DREKE: Che fue con la idea de poder unir a todos los africanos. Su criterio, lo verán en el libro, era no solamente preparar a esta gente, sino hacer un campamento donde después se pudiesen preparar otros combatientes de otros países de África. En un momento, él llegó a determinar que era imposible unir africanos de otros países en el Congo. Pero eso no era algo que iba a aceptar.

Está el caso concreto de los ruandeses que estaban con nosotros. Los congoleses no los aceptaban. Pero el Che con su idea de desarrollo, su idea de unidad, pensó que la unidad podía ser. Y yo también pensé que podía ser. Además, nos habíamos unido en Cuba. Y en un momento determinado pensé que era como en el Escambray, donde se habían unido todas las tropas revolucionarias bajo las órdenes del Che. Yo también lo pensé, no puedo decir que no. Pero después, con el tiempo, me fui dando cuenta que no era así.

Allí todo era distinto. Queríamos cambiar ciertas cosas. Por ejemplo, los jefes daban golpes a los soldados. El Che y todos nosotros estábamos contra eso. Por fin logramos que a los soldados no les dieran golpes en los campamentos de los cubanos. Fue lo primero que pudimos lograr. Un día llegamos ahí y uno, dándole de golpes a otro, estaba a punto de matar a aquel pobre hombre, y gritaba no sé por qué. Uno había dicho que era contrarrevolucionario o espía. Pero no había Seguridad del Estado ni investigación a espías. Y eso lo paramos.

En muchos casos eran problemas personales, de tribalismo, líos. En los campamentos vivían las familias, las mujeres, los niños. En la guerra nuestra participaron niños, pero como combatientes. Los niños estaban en la retaguardia de los campesinos. Algunos de los niños eran verdaderos combatientes, con su fusil en el hombro. Tenían que pelear si llegaba el ejército. Pero las familias de nuestros combatientes no vivían en el campamento. En el Congo es una de esas cosas que no pudimos romper. El Che no pudo romper con eso.

Allí el Che fue querido por la gente porque era médico. La gente le decía el "doctor Tatu". Lo veían más como médico que como guerrillero. Porque él llegaba a la gente. A veces aparecen por allí fotografías con niños cargados por el Che. No los cargaba para tirarse una fotografía. El Che era así.

Aunque a algunos les parecía muy duro, el tenía muy buenos sentimientos, era cariñoso. Quería a su gente, la respetaba, y cuidaba a sus hombres, se preocupaba por todos. Cuando él te decía, "Haz esto", era porque él era capaz de hacerlo.

El Che nos daba ánimos, especialmente en los momentos más difíciles.

Decía: "Fidel siguió la lucha con menos hombres. Fidel se quedó con 12 hombres, y triunfamos.[4] Pero lo único doloroso es que aquí no está Fidel. El jefe aquí no es Fidel Castro".

Era una demostración del cariño, del respeto, de la admiración que tenía el Che por Fidel: lo opuesto a lo que algunos han intentado hacer creer, que había divisiones entre el Che y Fidel.

Era igual el criterio que tenía el Che de Raúl Castro. Era grande el respeto, el cariño, la admiración por Raúl.

Algunos han intentado decir infamias sobre esto. Han utilizado al traidor de Benigno, por ejemplo, para tratar de decir infamias y cosas tenebrosas del Che, de que hubo conflictos entre el Che, Fidel y Raúl. Ya no digamos las mentiras que dice del Congo.

A pesar de lo que alega, Benigno nunca estuvo en el Congo.[5] Jamás estuvo en el Congo. Dice que yo le puse un nom-

4. El 5 de diciembre de 1956, tres días después de su desembarco en Cuba sudoriental, los expedicionarios del *Granma* fueron sorprendidos por el ejército de Batista. De los 82 combatientes, la mitad fueron asesinados o apresados. En la tercera semana de diciembre, 12 de los expedicionarios se reagruparon en la Sierra Maestra. En los meses siguientes una cuarta parte de los miembros de la expedición se logró reagrupar, formando así la médula del Ejército Rebelde.

5. Benigno fue un nombre de guerra de Dariel Alarcón, un ex combatiente cubano que peleó con Che en 1966 en Bolivia y fue uno de los tres cubanos que sobrevivieron esa campaña. En 1996 se fue de Cuba y comenzó a difundir falsedades sobre la Revolución Cubana y sobre sus dirigentes con el fin de crear divisiones.

bre raro, y ni recuerdo el nombre que dice que le puse. Pero yo jamás le puse un nombre a nadie en el Congo. Yo fui el segundo jefe de la tropa en el Congo.

Aquí en Cuba, antes de que llegara el Che, fui el jefe de la tropa del Che. Aquí en Cuba, hasta que el Che tomó posesión de esa tropa. Aquí los nombres que pusimos eran nombres cubanos. No eran nombres africanos. Y además, ni siquiera en el campamento en Cuba estuvo Benigno con nosotros.

Igual que [Jonas] Savimbi. Jamás Savimbi estuvo entre las tropas del Che. Todo eso es mentira. Todo eso es falsedad.

Waters: ¿Por qué había una diferencia tan grande entre la información que ustedes tenían de la situación en el Congo y la realidad que encontraron al llegar allá? Una de las características más notables de la Revolución Cubana es que generalmente ha tenido buen trabajo de inteligencia.

Dreke: Sí, lo que pasa es que con los años la Revolución Cubana ha ido mejorando su inteligencia. En aquel momento, la inteligencia no la teníamos dirigida a África.

Pienso que en estos momentos en África no nos sorprende nadie. Pero en aquel momento sí se nos sorprendió. Los compañeros que fueron a hacer el estudio de las condiciones en África, fueron ahí al lago. Fueron a Kigoma. Vieron a la tropa congolesa y hablaron con ellos. Y la tropa congolesa les dio 10 discursos.

Si fuese yo, posiblemente hubiese hecho lo mismo. Aunque quizás no, porque ya era guerrillero. Quizás habría dicho, "Llévame al frente. Voy a quedarme aquí una semana con la guerrilla, para participar en un combate con ustedes". Quizás a ellos los compañeros congoleses no les permitieron ir a ver la guerrilla o participar en una acción. No sé.

En todo caso, la información que teníamos aquí en Cuba era la que dieron los africanos. Pero al llegar allí, no era lo que decían.

MADRID: ¿Se puede decir lo mismo acerca de los dirigentes congoleses que vinieron a Cuba?

DREKE: Sobre eso quiero decir algo de la visita de Soumialot a Cuba. Esto sucedió estando ya nosotros en el Congo.

Todo lo que dijo Soumialot aquí era falso. Porque él no había ido a vernos, no había visto al Che, y estaba aquí en Cuba hablando de esas cosas. Logró que le prometieran 50 médicos cubanos. ¿Cómo usted metía 50 médicos allí? La suerte es que cuando el compañero Machado, que era ministro de salud, fue a ver al Che en el Congo, el Che le explicó todas estas cosas. Además lo llevamos a los lugares. Machadito se dio cuenta que allá no cabían 50 médicos, que con los seis o siete u ocho médicos que teníamos allí alcanzaban porque no había espacio. Imagínate tú, si no va Machadito allí y mandamos 50 médicos.

¿Y cómo llegaban 50 médicos? No era fácil llegar al Congo. Allá habíamos roto una barrera. Por eso te decía que los americanos estaban bravos, porque los compañeros nuestros salieron por distintos países capitalistas del mundo. Por supuesto, con la misma maleta, con el mismo uniforme, con el mismo vestido. Ya te imaginas tú, en el aeropuerto de Italia, cuatro negros con los mismos sombreros; los pobrecitos nunca habían salido de Santiago de Cuba, sin poder hablar el idioma, sin conocer a nadie. Los veías en Francia, en El Cairo, en Italia, en todos lados. Y todos lograron llegar al Congo, no sé cómo.

MADRID: ¿Todos vestidos igual?

DREKE: Todos vestidos igual, con el mismo tipo de maleta y todo, igualito.

Lo que ayudó es que nadie dijo nada. Todo el mundo fue disciplinado. A nadie se le escapó nada. Por supuesto, ninguno sabía que el Che estaba allá. Pero fueron muy disciplinados.

Ahora podemos decir, después de 34 años, que de la columna aquella de 128 hombres, solamente uno —quien se casó con una extranjera— se ha ido del país, y nunca ha hablado mal de Cuba. Mira la fidelidad a la revolución. Creo que es importante. Eso nunca se escribe ni se dice en ningún lado. ¿Dónde se encuentra la gente de la columna del Che? Estamos aquí, y los que no, han muerto.

WATERS: ¿Cuáles fueron las circunstancias en las que se retiraron del Congo los voluntarios cubanos?

DREKE: Hay un momento determinado en que sabemos que ya está perdido aquello, y que los mismos congoleses por decisión propia quieren que se termine la lucha. Decidimos quedarnos 15 combatientes.

Le sugerimos al Che que se fuera.

Respondió airado, "Yo me quedo porque el jefe aquí soy yo".

¿Qué pasaba? Si nosotros hubiéramos salido del Congo sin una petición oficial de ellos, entonces se podría decir hoy, a 34 años, que el Che salió huyendo del Congo. Y eso no se puede decir. ¿Podrían decir que los cubanos salieron huyendo del Congo? No. Salimos a petición de ellos y autorizados, y tras muchos ruegos de dirigentes africanos de otros países; no fueron solo los congoleses.

Aun cuando nos retirábamos del Congo, cuando todo el mundo se retiraba, el Che nunca dio su brazo a torcer.

"Hay que mantener la disciplina, Moja. Hay que mantener la disciplina. El día que dejamos esto, por ahí se va todo el mundo". Esas eran sus palabras.

Porque hubo veces que fuimos al combate y algunos de los compañeros congoleses que peleaban con nosotros se iban y dejaban las armas.

"Los cubanos tenemos que retirarnos con elegancia", insistía el Che. "No podemos retirarnos desperdigados".

Al "retirarte con elegancia" tú corres dos pasos, tiras dos tiros, y te botas a seguir corriendo y tiras otros dos tiros. No podemos salir desbandados, botando armas, botando zapatos, botando todo aquello. Ese era el criterio del Che.

Salimos armados, fusil en mano atravesamos el lago. Instalamos un cañón 75 mm. en uno de los botes. Era el suicidio, porque tirar con un cañón de esos en medio de un lago es virarse el bote, un botecito de esos. Pero era con la concepción que salíamos del Congo.

Sabíamos que no ganábamos la guerra. Pero no salimos entregando las armas, ni rendidos, con las manos en la cabeza, ni pidiendo perdón. Ni mandamos a los padres, curas ni a nadie más para que nos fueran a rescatar. Salimos con las armas nuestras en la mano. De eso no se puede olvidar la historia.

Por eso pienso que 34 años después hemos visto el resultado positivo de aquella acción. Aquella acción de los compañeros que cayeron en el Congo no fue en vano. Como dijo Raúl Castro en 1985, la acción del Congo se multiplicó en otras acciones en África.[6] La experiencia que allí acumulamos nos sirvió para hacer lo que hicimos al ayudar a las luchas de liberación en Guinea-Bissau, en Angola y en otros lugares.

WATERS: Hace poco dijiste, "En estos momentos en África no nos sorprende nadie". Tú mismo, tres décadas y media más tarde, sigues profundamente envuelto en la labor política de la Revolución Cubana con respecto a África. ¿Cómo has mantenido esos vínculos?

DREKE: A partir de la misión internacionalista del Congo, me he quedado fuertemente vinculado al continente africano.

6. Este discurso aparece en Jorge Risquet Valdés, *El segundo frente del Che en el Congo: Historia del Batallón Patricio Lumumba* (La Habana: Casa Editora Abril, 2000), págs. 10–15.

Esa misión no la consideré una derrota, aun cuando no habíamos logrado realmente, según nos solicitaron, lo que queríamos, lo que era necesario. Pero pensamos que podíamos lograr otras cosas.

Al retornar de África, nos recibieron el Comandante en Jefe y el Ministro de las fuerzas armadas. Escucharon nuestros criterios. Con gran interés y mucho cariño nos alentaron a seguir luchando, y se reunieron con la columna.

La primera idea que se tuvo fue la de dejarla constituida para que pudiese salir a cumplir otras misiones. Después estas ideas fueron cambiando, y los compañeros se reintegraron al Ejército Occidental, al Central o al Oriental, del que fuera que hubieran venido. Otros fueron para las escuelas.

Yo seguí en las Fuerzas Armadas Revolucionarias y mantuve mis vínculos con África. Cuando salimos del Congo, vinieron con nosotros varios africanos a Cuba. A uno de esos muchachos lo llevé a vivir a mi casa. Era un miembro más de la familia. Su nombre era Sumba y le llamábamos aquí Fidelito. Regresó al Congo donde murió después de su incorporación a la guerra.

Poco después, en 1966, salí en mi primera misión a Guinea-Bissau. Estuve al mando de nuestra misión militar allí y en la República de Guinea. Recuerden que Guinea-Bissau aún estaba bajo el régimen colonial portugués, mientras que la República de Guinea había conquistado su independencia de Francia en 1958.

Amílcar Cabral era ya el dirigente máximo del movimiento de liberación de Guinea-Bissau y Cabo Verde. Me causó una gran impresión por sus conocimientos de África. El Che tenía una gran opinión del PAIGC (Partido Africano por la Independencia de Guinea y Cabo Verde). El Che lo caracterizó en aquel momento como un movimiento revolucionario serio y organizado.

Llegué a Guinea-Bissau con la experiencia que tenía del Congo y con un poquito más de conocimientos sobre África.

Desde el punto de vista estratégico, había opiniones que no compartía con Amílcar sobre cómo llevar la lucha. Pero recuérdese que son los dirigentes en cada país quienes deben decidir la forma de librar la lucha.

Les doy un ejemplo.

El movimiento de liberación decide un buen día reclutar a un grupo de jóvenes. Van a un pequeño poblado y de allí se llevan a seis muchachos para el campamento. Eso yo no lo entiendo. ¿Cómo vamos a incorporar a alguien obligado? Y se lo digo a Amílcar. "No se puede obligar a nadie a luchar", le digo. "Hay que convencerlos por la vía política".

Amílcar me escucha con mucho respeto. Recuerden que él era una gente de mucha experiencia y yo era un muchacho —aún no cumplía los 30 años—, nuevo en ese país. Me explica: "Todo eso que usted dice está bien. Pero aquí no se puede hacer. Porque mañana vienen los portugueses y se los llevan a la fuerza, y los hacen soldados para que luchen contra nosotros. Tenemos que incorporarlos a nuestras tropas antes que se los lleven los portugueses".

Estaba también la situación de la República de Guinea, con la que limita, cuya capital es Conakry. La jefatura del PAIGC estaba en Guinea-Conakry. La jefatura central estaba en Guinea-Conakry. ¿Por qué? Porque nada más había dos formas de entrar a Guinea-Bissau: a través de Senegal —que no ayudaba en nada— o a través de Guinea-Conakry, cuyo gobierno estaba encabezado por Sékou Touré. Sin esa retaguardia, la lucha armada en Guinea-Bissau habría sido liquidada, porque por ahí tenían que entrar tanto los alimentos como los armamentos y las municiones que venían de Cuba, China, la Unión Soviética y otros países socialistas.

La lucha fue diferente a la de nuestro país, donde nuestras

armas se las ocupamos al ejército de la dictadura. Los portugueses se quedaban en sus cuarteles y casi nunca salían a pelear. No podías hacer una emboscada para quitarles las armas. Trasladaban tropas, suministros, todo, por avión o por helicóptero. El movimiento de liberación tenía que tener una retaguardia segura para sobrevivir.

Por eso en noviembre de 1970, los imperialistas portugueses deciden hacer una operación y atacan directamente a Guinea-Conakry, para derrocar a Sékou Touré y liquidar a la vez al movimiento de liberación en Guinea-Bissau. Esta invasión fue derrotada por las milicias preparadas por los instructores cubanos.

Así es que la dirección de Cuba apoyó la estrategia de fortalecer al gobierno de Sékou Touré, a solicitud de él; había que impedir que fuera derrocado por el imperialismo. Sabíamos también que los franceses no perdonaban a Sékou Touré ni al movimiento de liberación por conquistar la independencia unos años atrás.

Entonces Cuba responde a la solicitud de Sékou Touré de ayudar a crear una milicia por instructores cubanos. En respuesta a la solicitud de Amílcar Cabral de ayudarles a preparar artilleros y médicos para satisfacer las necesidades de la población de Guinea-Bissau, Cuba manda a un grupo pequeño de compañeros. Les enseñamos el manejo de la artillería y los capacitamos para dar atención médica a los combatientes de liberación.

Vivíamos juntos con estos compañeros, en los mismos campamentos. Esto nos fue uniendo más a la lucha de África, y nos llevó a querer y a entender mejor a los africanos. Y ellos a la vez hicieron esfuerzos para entendernos.

Cuando se produjo la victoria de Guinea-Bissau en 1974, ya yo no me encontraba allí. Después empecé a trabajar en Cabo Verde y otros países, como el Congo Brazzaville. Estos gobiernos solicitaron a Cuba preparar personal médico y de varias especialidades. También a los compañeros de las fuerzas armadas los preparamos nosotros. Yo tuve participación en todo esto.

En 1969 y 1970 fui jefe y segundo jefe de la Dirección Política Central de las Fuerzas Armadas Revolucionarias. Una de nuestras responsabilidades era dar atención a los africanos, así como la de preparar a los cubanos para cumplir misiones internacionalistas en África.

Como vicepresidente de la Asociación de Amistad Cuba-África, me he relacionado con africanos de todos los países del continente, no solo de aquellos donde he estado como combatiente o como trabajador. Porque, como ya dije, han venido muchos africanos a estudiar a Cuba. En esa primera etapa se creó una escuela, donde los profesores eran los compañeros cubanos que habían estado en África. Yo era el director. Después muchos de los profesores vinieron de sus propios países.

Conozco también a muchos compañeros de Angola, aunque no participé en esa lucha.

Después de 1990, cuando pasé a la vida civil, seguí vinculado al continente africano, dirigiendo el trabajo en África de ANTEX y luego de UNECA, que son corporaciones cubanas dedicadas al comercio y la construcción. He salido en misiones, como explicaba, a numerosos países de África, en negociaciones de proyectos, con los que se ayuda a esos países, pero ya desde el punto de vista de la construcción o de la salud.

Así he tenido la oportunidad de vivir en algunos de estos países, como Ghana, República de Guinea y el Congo. En cada uno he estado uno o varios años colaborando en la construcción de viviendas.

Actualmente laboro en la UNECA como responsable de África central. Mi tarea es trabajar con esos países en proyectos de construcción; en la reconstucción de sus países que por motivo de la guerra han sido destrozados. Trabajamos en proyectos de viviendas, de carreteras y de otros intercambios.

WATERS: En el Festival Mundial de la Juventud y los Estudiantes, que se celebró en Argelia este verano pasado, los jóvenes que fueron de Estados Unidos, Francia, Gran Bretaña y otros países imperialistas notaron que los jóvenes africanos presentes ávidamente buscaban información sobre su propia historia. Querían libros de dirigentes revolucionarios como Thomas Sankara de Burkina Faso, así como de Che y de Fidel. A diferencia de las generaciones anteriores, no solo se trata de luchar por independizarse de los amos coloniales. La vanguardia de la nueva generación busca preparar las condiciones necesarias de lucha contra la dominación imperialista en todas las formas que hoy adopta.

DREKE: Estoy de acuerdo. En África hay una reacción diferente a aquella etapa. El momento es también diferente. Ya es una lucha política. Ya no es solo la lucha armada, como fue la justa lucha que los pueblos de África tuvieron que librar en los años sesenta.

Los pueblos de África no son analfabetos políticos. Lo sé porque muchos africanos han venido a estudiar a Cuba. A cada rato intercambiamos con ellos y oímos sus opiniones. Y tienen criterios muy claros.

¿Cuáles son algunas de mis conclusiones?

Primero, que de los partidos que conozco de África, no me atrevo a llamar marxista o leninista a ninguno de ellos. Creo que son nacionalistas profundos; eso es lo que son. Pero hay lugares en que todavía no se ha arraigado el nacionalismo, donde existe todavía el criterio de divisiones tribales o étnicas. Es por ahí por donde los intenta penetrar el imperialismo, buscando sembrar divisiones entre los africanos. Cada vez que surge un dirigente que más o menos lucha por la independencia o la soberanía, o que lo siguen, estos a menudo mueren en un "accidente" o en un atendado. A veces, incluso, sencillamente los "desaparecen".

Ahí se forman los conflictos. Hay países que han tenido guerras por años. Creo que uno de los logros más importantes que he visto últimamente es que los africanos se están percatando que las guerras internas solo llevan a la destrucción interna. No estoy hablando de la guerra por la independencia, por la soberanía, por la liberación. Eso es algo completamente distinto.

Ellos libran una batalla muy grande, como saben, contra el SIDA y otras terribles enfermedades que azotan esos pueblos. Nuestros médicos están haciendo un gran esfuerzo en esa guerra. En Guinea Ecuatorial, en Sudáfrica y en otros países trabaja un grupo de médicos cubanos. Algunos compañeros estuvieron en África antes como combatientes de la lucha de liberación; ahora algunos cumplen como médicos.

Por eso pienso que es cierto que hay un gran movimiento en África de personas que están buscando qué leer, qué estudiar, para conocer su verdadera historia.

WATERS: ¿Qué impacto ha tenido aquí en Cuba el hecho de que cientos de miles de cubanos —un elevado porcentaje de la población— han cumplido misiones internacionalistas en África en los últimos 30 años?

DREKE: Los miles de compañeros cubanos que han estado combatiendo, o trabajando en la salud, la educación, en el deporte o en otras áreas en África, han traído conocimiento para Cuba. Entre Cuba y África ha habido una retroalimentación profunda. Nuestros médicos han recogido experiencias en enfermedades que las conocían por los libros pero que nunca las habían visto; son experiencias que han servido para salvar vidas allá, en otros lugares, e incluso después aquí en Cuba. Nuestros médicos han trabajado en los lugares más difíciles, han atendido a la población y se han ganado su cariño. Pero además el pueblo de Cuba ha desarrollado un verdadero aprecio y respeto por el hermano africano.

Es importante también decir la verdad. Hubo una etapa, al principio, en que algunas personas no sentían eso por África. Lo que se hablaba de los africanos no siempre era óptimo. En aquel entonces, todo negro africano era "congo". No importaba si era de Tanzania o de cualquier otro país.

Sin embargo, la mayoría de los cientos de miles de compañeros nuestros que han regresado sienten que han dejado allá parte de su familia. Cuando alguien regresa de viaje de algún país de África, los compañeros aquí preguntan: "¿Y fulano de tal?" "¿Y la tía que me cuidó cuando estuve enfermo?" Se ha desarrollado una confraternidad entre los cubanos y los africanos.

Dentro de África, también, hay mucha simpatía y respeto por Cuba y por Fidel, por los compañeros que han cumplido misiones internacionalistas en ese continente.

A través de nuestras experiencias en África, conocimos la extrema pobreza en que vive gran parte de la humanidad, hemos aprendido más acerca de la realidad de la explotación imperialista. No es solamente algo que leíste sobre la explotación del hombre por el hombre en un libro de Carlos Marx o de Lenin. Lo has visto, lo has vivido de forma concreta.

Cuando decimos que tenemos sangre africana, eso se ve en Cuba todos los días: en nuestros bailes, en nuestra música, en todo. No importa que seas un poquito más negro o más blanco. Hay una presencia africana en todos nosotros.

Fidel Castro y la revolución nos han enseñado a identificarnos más profundamente con nuestros vínculos con África, y a apreciarlos. La presencia de tantos compañeros nuestros que han servido en África ha sido muy importante para interiorizar ese aprecio.

Glosario

Abrantes, Juan (El Mexicano) (1935–1959) – Se unió al Directorio Revolucionario cuando era un estudiante en la Universidad de La Habana. En el curso de 1958 pasó a ser capitán de la columna del Directorio Revolucionario en la sierra del Escambray comandada por Faure Chomón. Habiendo alcanzado el grado de comandante, devino jefe de la Fuerza Táctica del Ejército Rebelde en Las Villas y Matanzas en 1959. Murió en un accidente aéreo, en septiembre de ese año.

Acosta, Armando (n. 1920) – Un miembro del PSP; formó un destacamento guerrillero en la sierra del Escambray, miembro de la Columna 8 del Che Guevara participando en la invasión. Llegó a capitán del Ejército Rebelde y fue ascendido a comandante. Secretario general del Partido Comunista en la provincia de Oriente hasta 1966. Más tarde fungió como coordinador nacional de los CDR. Un miembro del Comité Central del Partido Comunista desde 1965 hasta 1991.

Alarcón, Dariel (Benigno) (n. 1939) – Campesino de la Sierra Maestra de Cuba. Se integró al Ejército Rebelde en julio de 1957, sirviendo en la columna que dirigía Camilo Cienfuegos. Después del triunfo de la revolución siguió trabajando en las fuerzas armadas, alcanzando el grado de teniente del ejército cubano. Fue un combatiente en Bolivia con Che en 1966–67. Uno de los tres veteranos cubanos sobrevivientes del frente guerrillero, quienes escaparon y llegaron a Cuba en marzo de 1968. Se jubiló del Ministerio del Interior en 1979 con el grado de teniente coronel. Abandonó Cuba en 1996, lanzando exagerados ataques calumniosos contra la revolución y sus dirigentes.

Almeida, Juan (n. 1927) – Albañil de La Habana y miembro del Partido Ortodoxo al momento del golpe de estado de Batista de 1952, fue reclutado al movimiento dirigido por Fidel Castro y participó en el ataque al Moncada en 1953; fue condenado a 10 años de prisión. Excarcelado en mayo de 1955 junto a los otros moncadistas presos, luego de una campaña nacional de amnistía, participó en la expedición del *Granma* de noviembre–diciembre de 1956. En febrero de 1958 fue ascendido a comandante y luego encabezó el III Frente Oriental. Almeida ha desempeñado numerosos cargos desde 1959, entre ellos jefe de la fuerza aérea, viceministro de las Fuerzas Armadas Revolucionarias y vicepresidente del Consejo de Ministros y de Estado. Ha sido miembro del Comité Central y del Buró Político del Partido Comunista desde 1965. Actualmente es presidente de la Asociación de Combatientes de la Revolución Cubana.

Alpha 66 – Organización armada de cubanos contrarrevolucionarios con sede en Estados Unidos. Fue establecida en 1961, con apoyo de Washington, para llevar a cabo actos de terrorismo y de sabotaje contra objetivos económicos en Cuba. Se responsabilizó también de numerosos actos de terror en Miami, Nueva York, San Juan y otros lugares. A finales de la década de 1990, se responsabilizó de atentados dinamiteros contra varios hoteles en La Habana, a raíz de los cuales murió una persona.

Ameijeiras, Efigenio (n. 1931) – Se sumó a la lucha revolucionaria contra el régimen batistiano en marzo de 1952. Expedicionario del *Granma* en 1956, terminó como comandante de la Columna 6 del Ejército Rebelde y segundo jefe del II Frente Oriental. Jefe de la Policía Nacional Revolucionaria y del batallón de la PNR que combatió en Playa Girón en abril de 1961. En 1963 comandó el contingente internacionalista cubano en Argelia. En 1984 fue a Angola, donde fungió como uno de los dirigentes de la misión voluntaria cubana. Actualmente es general de división en las fuerzas armadas cubanas.

Aragonés, Emilio (n. 1928) – Un dirigente del Movimiento 26 de Julio en Cienfuegos durante la lucha insurreccional, fue coordinador nacional del mismo en 1960. En marzo de 1962 fue elegido al Directorio Nacional y al Secretariado de las Organizaciones Revolucionarias Integradas (ORI). Fue miembro del Comité Central del Partido Comunista, 1965–91. En septiembre de 1965 formó parte de una delegación enviada al Congo por la dirección del partido para consultar y trabajar con Che Guevara.

Arias Echenique, Mario (1924–1997) – Coordinador del Directorio Revolucionario en Sagua la Grande a finales de la década de 1950.

Ascunce, Manuel (1945–1961) – Brigadista alfabetizador y miembro de la Asociación de Jóvenes Rebeldes. Fue torturado y ahorcado el 26 de noviembre de 1961, en la sierra del Escambray —junto a un campesino a quien enseñaba— por los bandidos contrarrevolucionarios Julio Emilio Carretero, Pedro González y Braulio Quesada.

Asociación de Jóvenes Rebeldes. *Ver* Unión de Jóvenes Comunistas (UJC).

Asociación Nacional de Agricultores Pequeños (ANAP) – Organización de agricultores cubanos fundada en 1961. Ayuda y representa a los agricultores que cultivan tierras a nivel privado así como a los miembros de cooperativas agrícolas.

Batista, Fulgencio (1901–1973) – Ex sargento del ejército quien en septiembre de 1933 ayudó a dirigir un golpe militar por oficiales subalternos, en la secuela de un levantamiento popular que semanas antes había derrocado a la dictadura de Gerardo Machado. Ascendió a jefe del estado mayor y en enero de 1934 organizó un segundo golpe que desató un reino de represión contra trabajadores, campesinos y las fuerzas revolucionarias. Después de dominar varios gobiernos como jefe del estado mayor del ejército, Batista fue electo presidente en 1940. Se alejó del cargo con las elecciones de 1944, pero retuvo una base de apoyo entre la oficialidad mientras vivió en la Florida hasta 1948. Batista dirigió un golpe de estado el 10 de marzo de 1952, y estableció una dictadura militar brutal que colaboró estrechamente con Washington. Huyó a República Dominicana el primero de enero de 1959.

Ben Bella, Ahmed (n. 1918) – Dirigente del Frente de Liberación Nacional (FLN) de Argelia, el cual movilizó al pueblo argelino en la lucha independentista de 1954–62 contra Francia. Fue presidente del gobierno de trabajadores y agricultores que llegó al poder tras la victoria sobre París en 1962, y que colaboró estrechamente con el gobierno cubano para dar impulso a las luchas antiimperialistas en África y América Latina. Fue derrocado en un golpe de estado dirigido por el ministro de defensa coronel Houari Boumedienne en junio de 1965.

Benigno. *Ver* Alarcón, Dariel

Benítez, Conrado (1942–1961) – Maestro alfabetizador voluntario en la sierra del Escambray que fue torturado y ahorcado el 5 de enero de 1961 por bandidos contrarrevolucionarios, junto al campesino Eliodoro Rodríguez Linares.

Bordón, Víctor (n. 1930) – Miembro de la Juventud Ortodoxa y posteriormente del Movimiento 26 de Julio en Las Villas. Formó una unidad guerrillera del Movimiento 26 de Julio en Las Villas a finales de 1956, que en octubre de 1958 pasó a ser parte de la columna de Che Guevara. Obtuvo el grado de comandante del Ejército Rebelde. Hoy dirigente nacional en el Ministerio de Construcción en Matanzas.

Boumedienne, Houari (1932–1978) – Un dirigente del Ejército de Liberación Nacional (ALN) argelino en la guerra independentista contra Francia. Ministro de defensa en el gobierno revolucionario establecido por el Frente de Liberación Nacional (FLN) tras la independencia en 1962. Encabezó un golpe de estado que derrocó al gobierno de trabajadores y agricultores dirigido por Ahmed Ben Bella en junio de 1965. Fue presidente de Argelia, 1965–78.

Bravo, Mario (m. 1964) – Bandido contrarrevolucionario en el Escambray. Muerto en un enfrentamiento en junio de 1964.

Caballo de Mayaguara. *Ver* Castellón, Gustavo

Cabral, Amílcar (1924–1973) – Fundador y dirigente central del Partido Africano por la Independencia de Guinea y Cabo Verde (PAIGC), 1956, el cual en 1963 se alzó en armas contra el régimen colonial portugués, conquistando la independencia de Guinea-Bissau en 1974 y de Cabo Verde en 1975. Fue asesinado en enero de 1973.

Campos, Benito (Campito) (m. 1964) – Capitán en el Ejército Rebelde quien rompió con la revolución y pasó a ser dirigente de una banda contrarrevolucionaria en el Escambray. Muerto en un enfrentamiento en septiembre de 1964.

Campos, José Martí (Campito) (m. 1964) – Un dirigente de bandidos en el Escambray, hijo de Benito Campos. Muerto en un enfrentamiento en septiembre de 1964.

Carreras, Jesús (m. 1961) – Un dirigente del Segundo Frente Nacional del Escambray. Se sumó a las bandas contrarrevolucionarias armadas del Escambray después de la victoria de la revolución. Capturado, enjuiciado y ejecutado en marzo de 1961.

Carretero, Julio Emilio (m. 1964) – Miembro de la policía secreta de Batista durante la dictadura. Bandido contrarrevolucionario en el Escambray a comienzos de 1960. Uno de los asesinos del brigadista alfabetizador Manuel Ascunce en noviembre de 1961. A comienzos de 1963 pasó a ser jefe de todas las bandas contrarrevolucionarias en el Escambray. Capturado, juzgado y ejecutado en junio de 1964.

Castelló, Humberto (n. 1922) – Un miembro del Directorio Revolucionario, participó en el asalto al palacio presidencial y Radio Reloj del 13 de marzo de 1957. Más adelante fue comandante en la columna guerrillera del Directorio Revolucionario en el Escambray. Médico de profesión.

Castellón, Gustavo (Caballo de Mayaguara) – Campesino y minero del área de Fomento en Las Villas. Se sumó a la columna del Directorio Revolucionario en el Escambray en 1958. Miembro de la unidad comando "Ramón Pando Ferrer", peleó en la batalla de Santa Clara. En Cuba, uno de los más renombrados "cazabandidos" en el Escambray a principios y mediados de la década de 1960, encabezó una compañía especial de Lucha Contra Bandidos. Más adelante cumplió misión internacionalista en Angola.

Castro, Fidel (n. 1926) – Un dirigente estudiantil en la Universidad de La Habana a partir de 1945, fue el organizador central de la juventud del Partido Ortodoxo tras la fundación del partido en 1947. Fue candidato del Partido Ortodoxo para la Cámara de Representantes en las elecciones de 1952 que fueron canceladas tras el golpe de estado de Batista en marzo de ese año. En 1953 Castro organizó un nuevo movimiento revolucionario que se llegó a conocer como la Generación del Centenario —así denominada para conmemorar el natalicio de José Martí— para llevar a cabo la lucha contra la dictadura batistiana. Organizó y dirigió el asalto al cuartel Moncada en julio de 1953. Capturado, procesado y condenado a 15 años de prisión; su alegato de defensa ante el tribunal, "La historia me absolverá", se distribuyó en decenas de miles de copias por toda Cuba, y se convirtió en el programa del movimiento revolucionario. Excarcelado en 1955 tras una masiva campaña de amnistía, Castro dirigió la fundación del Movimiento Revolucionario 26 de Julio. A finales de 1956 organizó la expedición del *Granma* desde México y comandó el Ejército Rebelde durante la guerra revolucionaria. Pasó a ser secretario general del Movimiento 26 de Julio en mayo de 1958. Tras el triunfo de la revolución, Castro fue primer ministro de Cuba desde febrero de 1959 hasta 1976, y ha sido presidente del Consejo de Estado y del Consejo de Ministros desde entonces. Es Comandante en Jefe de las Fuerzas Armadas Revolucionarias y, desde 1965, primer secretario del Partido Comunista de Cuba.

Castro, Raúl (n. 1931) – Un participante en las protestas estudiantiles contra la dictadura batistiana, se unió en 1953 al ataque del Moncada y fue condenado a 13 años de prisión. Fue excarcelado en mayo de 1955 luego de una campaña nacional de amnistía. Miembro fundador del Movimiento 26 de Julio, formó parte de la expedición del *Granma* y fue miembro fundador del Ejército Rebelde. En febrero de 1958 fue ascendido a comandante y encabezó el II Frente Oriental. Desde octubre de 1959 ha sido Ministro de las Fuerzas Armadas Revolucionarias. Es General de Ejército, el segundo oficial de más alto rango de las FAR. Fue viceprimer ministro desde 1959 hasta 1976, cuando devino primer vicepresidente del Consejo de Estado y del Consejo de Ministros. Desde 1965 ha sido segundo secretario del Partido Comunista de Cuba.

Castro, Orlando Lorenzo (Pineo) – Jefe de LCB a mediados de la década de 1960. Actualmente es general de brigada en las Fuerzas Armadas Revolucionarias.

CDR. *Ver* Comités de Defensa de la Revolución

Chomón, Faure (n. 1929) – Dirigente del Directorio Revolucionario y sobreviviente del ataque al Palacio Presidencial del 13 de marzo de 1957. En febrero de 1958 organizó una expedición que desembarcó al norte de Camagüey y que estableció un frente guerrillero en la sierra del Escambray. Formó parte del frente de Las Villas bajo las órdenes de Guevara luego que la columna de Che llegara en octubre. En nombre del Directorio Revolucionario participó en el Pacto del Pedrero a principios de diciembre. Chomón ostenta el grado de comandante en las Fuerzas Armadas Revolucionarias y ha sido miembro del Comité Central del Partido Comunista desde 1965. Se ha desempeñado como embajador de Cuba ante la Unión Soviética, Vietnam y Ecuador.

Choy, Armando (n. 1934) – Miembro del Ejército Rebelde durante la guerra revolucionaria, fue ascendido a capitán por Che Guevara. Fue dirigente de las defensas antiaéreas de Cuba. En 1976 alcanzó el grado de general de brigada en las Fuerzas Armadas Revolucionarias de Cuba. Actualmente es delegado del Ministerio de Transporte ante las Operaciones Marítimas del Puerto y presidente del Grupo de Trabajo para la Conservación y Desarrollo de la Bahía de La Habana.

Cienfuegos, Camilo (1932–1959) – Un opositor del golpe de Batista de 1952, Cienfuegos vivió en Estados Unidos, 1953–54, donde trabajó en talleres de costura y restaurantes en Nueva York, San Francisco y Chicago, antes de ser arrestado y deportado por la policía de inmigración norteamericana. En 1956 fue a México, para enrolarse en la lucha armada contra Batista. Un expedicionario del *Granma,* pasó a ser capitán en la columna de Guevara del Ejército Rebelde a fines de 1957. Fue ascendido a comandante en 1958 y dirigió la Columna 2 "Antonio Maceo" en una invasión desde la Sierra Maestra hacia occidente rumbo a Pinar del Río, entre agosto y octubre de 1958. Realizó operativos en el norte de Las Villas hasta el final de la guerra. Pasó a ser jefe del estado mayor del Ejército Rebelde en enero de 1959. Murió cuando su avión se perdió en el mar mientras retornaba a La Habana, el 28 de octubre de 1959.

Cienfuegos, Osmany (n. 1931) – Miembro de la Juventud Socialista, afiliada al Partido Socialista Popular, durante la guerra revolucionaria cubana. Fungió como ministro de obras públicas, 1959–63, y como ministro de construcción, 1963–66. Ha sido miembro del Comité Central del Partido Comunista desde 1965, y es actualmente vicepresidente del Comité Ejecutivo del Consejo de Ministros. Hermano mayor de Camilo Cienfuegos.

Comités de Defensa de la Revolución (CDR) – Organizados en 1960 de cuadra en cuadra como una herramienta con que el pueblo cubano podía ejercer vigilancia contra actividades contrarrevolucionarias. En los años subsiguientes sirvieron también como vehículo para organizar la participación en concentraciones de masas, en campañas de vacunación y otras afines, en la defensa civil, la lucha contra delitos menores y otras tareas cívicas.

Cubela, Rolando (n. 1933) – Un dirigente de la columna guerrillera del Directorio Revolucionario en la sierra del Escambray. Encabezó la Federación Estudiantil Universitaria, 1959–60. Como agregado de la embajada cubana en Madrid en 1963, fue reclutado por la CIA para asesinar a Fidel Castro en un complot que también involucraba a Manuel Artime, un político que desempeñó un papel en la derrotada invasión de Bahía de Cochinos de abril de 1961. Cubela fue capturado y condenado en 1966 a 25 años de prisión. Tras ser puesto en libertad en 1979, se fue a España.

Delgado, Alberto (El Hombre de Maisinicú) (m. 1964) – Miembro de la Seguridad del Estado cubana quien exitosamente infiltró las bandas contrarrevolucionarias. Su base de operaciones era la finca Maisinicú, en el Escambray. En marzo de 1964 asumió responsabilidad central para organizar una estratagema en la que a los miembros de una de las últimas bandas se les hizo creer que se dirigían en bote a Estados Unidos, pero en verdad, iban hacia su captura en el mar. Fue linchado por contrarrevolucionarios en abril de 1964, cuando se dieron cuenta de su papel en dicho operativo.

de los Santos, René (n. 1918) – Combatiente del Ejército Rebelde; jefe de uno de los frentes en Playa Girón que llegó desde el este. Fue miembro del Comité Central del Partido Comunista de Cuba 1975–86.

Denis, Luis Felipe (1931–1987) – Trabajador tabacalero y despachador de bodega en Santa Clara, se unió como estudiante al movimiento revolucionario en La Habana. Un miembro de la Juventud Socialista y del Movimiento 26 de Julio, se integró al Ejército Rebelde en 1958. En 1959 pasó a formar parte de la Dirección de Inteligencia del Ejército Rebelde, y en 1960–65, encabezó la labor del Departamento de Seguridad del Estado dentro de la LCB. Posteriormente cumplió misión como combatiente internacionalista en Angola, encabezando allí el trabajo del Ministerio del Interior y de la Policía Nacional Revolucionaria. Miembro del Comité Central del Partido Comunista de Cuba, 1980–86, al momento de su muerte ostentaba el grado de general de brigada.

Directorio Revolucionario 13 de Marzo – Formado en 1955 por José Antonio Echeverría y otros dirigentes de la Federación Estudiantil Universitaria, organizó el asalto al Palacio Presidencial el 13 de marzo de 1957, a raíz del cual cayeron varios de sus dirigentes centrales, entre ellos Echeverría. El Directorio organizó una columna guerrillera en la sierra del Escambray en Las Villas, en febrero de 1958, dirigida por Faure Chomón. El Directorio Revolucionario se unió al Movimiento 26 de Julio y al PSP en 1961 para formar las Organizaciones Revolucionarias Integradas y posteriormente el Partido Comunista de Cuba.

Duque, Evelio – Campesino del Escambray. Su hermano fue miembro del Directorio Revolucionario, y él se hacía pasar como miembro del Directorio. Después de 1959 se convirtió en un notorio bandido en el Escambray. En diciembre de 1960 llegó a ser jefe de la organización que agrupaba a los bandidos, y que ellos llamaron Ejército de Liberación Nacional (ELN). Se exilió en Estados Unidos, donde, operando bajo la CIA siguió organizando incursiones armadas contrarrevolucionarias contra Cuba.

Echeverría, José Antonio (1932–1957) – Presidente de la Federación Estudiantil Universitaria desde 1954 hasta su muerte. Fue el dirigente central del Directorio Revolucionario; fue muerto el 13 de marzo de 1957 durante un ataque organizado por el Directorio contra el palacio presidencial y Radio Reloj, cuyo objetivo era ajusticiar a Batista.

Escalona, Dermidio – Se unió al Ejercito Rebelde en junio de 1957 y pasó a ser combatiente en el Primer Frente, dirigido por Fidel Castro. Lo asignaron para abrir un nuevo frente en las montañas de los Órganos en Pinar del Río en mayo de 1958, terminando la guerra con el grado de comandante. Durante un período desde fines de 1960, dirigió la lucha contra los bandidos contrarrevolucionarios.

Estrada, Ulises (n. 1934) – Activo en la lucha clandestina contra Batista durante la guerra revolucionaria. Después de 1959 era segundo jefe de Operaciones Especiales para la Inteligencia Cubana y del Viceministerio Técnico del Ministerio del Interior al mando de Manuel Piñeiro, el cual tuvo la responsabilidad de coordinar el apoyo a los movimientos revolucionarios alrededor del mundo. Durante la década de 1960, cumplió numerosas misiones internacionalistas clandestinas, ayudando a las campañas dirigidas por Che Guevara en Latinoamérica y el Congo. Posteriormente, sirvió como embajador de Cuba ante Jamaica, la República Popular de Yemen, la República Arabe Sahrawí, Argelia y Mauritania. Actualmente es el director de la revista *Tricontinental*.

Fajardo, Manuel (Piti) (1930–1960) – Se unió al Ejército Rebelde en 1958 como médico y combatiente en las columnas 1 y 12, alcanzando el grado de comandante. Primer jefe de lo que llegaría a ser Lucha Contra Bandidos, fue muerto en combate contra las fuerzas contrarrevolucionarias en la sierra del Escambray el 29 de noviembre de 1960.

Federación de Mujeres Cubanas (FMC) – Fundada el 23 de agosto de 1960, con la combatiente del Ejército Rebelde Vilma Espín como su presidenta, unificó a las organizaciones de mujeres pro revolucionarias. Ha velado por incorporar a la mujer en las tareas de la revolución y en la fuerza de trabajo, a la vez que propugna la lucha por la igualdad de la mujer en la sociedad.

Figueredo, Carlos (Chino) (n. 1936) – Participó en las acciones durante el ataque del Directorio Revolucionario al Palacio Presidencial en La Habana el 13 de marzo de 1957, y estaba al lado de José Antonio Echeverría cuando éste cayó en el intento de la toma de Radio Reloj. Habiendo escapado al exilio, retornó a Cuba en febrero de 1958 con una expedición dirigida por Faure Chomón. Como jefe de un grupo de acción urbana, participó en la huelga general del 9 de abril convocada por el Movimiento 26 de Julio. Habiéndose exilado de nuevo, retornó con un cargamento de armas y combatió como capitán del Ejército Rebelde en la batalla de Santa Clara, subsecuentemente fue ascendido a comandante. Después de 1959 tuvo responsabilidades en el Ministerio del Interior hasta su retiro.

Fleites, Roberto (m. 1958) – De familia humilde, fue miembro de la columna guerrillera del Directorio Revolucionario en el Escambray y un miembro del comando "Ramón Pando Ferrer". Participó en el rescate del combatiente del Directorio Joaquín Milanés y cayó en la batalla de Santa Clara.

García, Calixto (n. 1931) – Participó en el ataque al cuartel de Bayamo del 26 de julio de 1953; escapó y fue a Costa Rica, Honduras y México. Conoció a Ernesto Guevara en noviembre de 1953 en Costa Rica. Un expedicionario del *Granma*, terminó la guerra revolucionaria como comandante del Ejército Rebelde en el III Frente. Posteriormente fue jefe de los ejércitos Oriental y Central y desempeñó otros puestos militares en las FAR y el Partido Comunista. Miembro del Comité Central del Partido Comunista, 1965–80. Actualmente es general de brigada en las fuerzas armadas cubanas.

Gobierno de los Cien Días – En septiembre de 1933, a raíz del auge revolucionario que había derrocado a la dictadura de Gerardo Machado el mes anterior, un golpe dirigido por oficiales subalternos dirigidos por Fulgencio Batista estableció un gobierno de coalición encabezado por Ramón Grau San Martín. El nuevo gobierno incluyó fuerzas revolucionarias, entre ellas Antonio Guiteras, quien pasó a ser ministro de gobernación. Durante este período se lograron algunas de las reivindicaciones por las que el pueblo trabajador había luchado por mucho tiempo, como la derogación de la Enmienda Platt impuesta por Washington, la jornada de ocho horas y el derecho de la mujer al voto. En enero de 1934, Batista ejecutó un segundo golpe de estado con respaldo norteamericano, y puso fin al Gobierno de los Cien Días, instalando un régimen sumiso a los intereses capitalistas en Estados Unidos y Cuba. Batista, quien había sido designado jefe del ejército y dominaba al nuevo gobierno, buscó sobornar a los antiguos opositores de la dictadura de Machado, a la vez que desató una represión asesina contra quienes rehusaban someterse, como Guiteras.

Gómez Ochoa, Delio (n. 1929) – Combatiente del Ejército Rebelde; tras el fracaso de la huelga general de abril de 1958, llegó a ser coordinador nacional de acción del Movimiento 26 de Julio, con base en La Habana. Comandante del Ejército Rebelde, pasó a ser jefe del IV Frente Oriental seis meses después. Dirigió una expedición armada a República Dominicana en junio de 1959 con voluntarios dominicanos y cubanos para luchar contra la dictadura de Trujillo; fue capturado y luego puesto en libertad. Subsecuentemente tomó responsabilidades en el sector agrícola de la economía cubana.

González Coro, Ramón (Mongo) (1931–1958) – Se unió al frente guerrillero del Directorio Revolucionario en el Escambray como estudiante de medicina. Un capitán de columna, encabezó el comando "José Antonio Sanchidrián". Cayó durante el rescate del combatiente del Directorio preso Joaquín Milanés en Santa Clara, diciembre de 1958.

González, Pedro (m. 1964) – Miembro del ejército de Batista durante la guerra revolucionaria subordinado al notorio asesino coronel Angel Sánchez Mosquera en la Sierra Maestra. Bandido contrarrevolucionario en el Escambray. Uno de los asesinos del brigadista alfabetizador Manuel Ascunce en noviembre de 1961. Muerto en un enfrentamiento en octubre de 1964.

Guevara, Ernesto Che (1928–1967) – Dirigente de la Revolución Cubana nacido en Argentina. Un participante en la expedición del *Granma* y un miembro fundador del Ejército Rebelde, fue el primer combatiente en ser ascendido al grado de comandante durante la guerra revolucionaria cubana. A fines de 1958 unió a varias organizaciones revolucionarias en Cuba central bajo su mando y las condujo en la toma de Santa Clara, la tercera ciudad de importancia en Cuba. Luego del triunfo de 1959, además de sus tareas militares, Guevara desempeñó diversos cargos y responsabilidades en el gobierno revolucionario, entre ellos titular del Banco Nacional y ministro de industrias. Con frecuencia fue vocero de la dirección revolucionaria a nivel internacional. En abril de 1965 dirigió la columna cubana que combatió por varios meses junto a las fuerzas antiimperialistas en el Congo. A finales de 1966 encabezó un destacamento vanguardia de voluntarios internacionalistas en Bolivia. Herido y capturado por el ejército boliviano en un operativo organizado por la CIA el 8 de octubre de 1967, fue asesinado al día siguiente.

Guillén, Porfirio (m. 1963) – Bandido contrarrevolucionario en el Escambray. Muerto en un enfrentamiento en las afueras de Manicaragua en enero de 1963.

Guiteras, Antonio (1906–1935) – Dirigente estudiantil de las luchas contra la dictadura de Gerardo Machado en las décadas de 1920 y 1930. Dirigente de las fuerzas antiimperialistas durante el auge revolucionario de 1933 que derrocó al régimen machadista, pasó a ser ministro de gobernación durante el Gobierno de los Cien Días llevado al poder por ese auge en septiembre de 1933 y derrocado por Batista en un golpe de estado en enero de 1934. Fue asesinado en mayo de 1935, cuando dirigía la lucha clandestina contra el régimen.

Gutiérrez Menoyo, Eloy (n. 1934) – Dirigente del II Frente Nacional del Escambray en 1958, que fue expulsado del Directorio Revolucionario por su conducta hacia el campesinado y sus estrechas relaciones con las fuerzas burguesas de la oposición antibatistiana. Salió de Cuba rumbo a Estados Unidos en 1960 y, en diciembre de 1964 regresó con una banda contrarrevolucionaria armada. Fue capturado y encarcelado hasta 1986. Actualmente encabeza la organización Cambio Cubano con sede en Miami.

Ilunga, Freddy (n. 1948) – Miembro de las fuerzas antiimperialistas congolesas, colaboró con el contingente cubano en 1965. En noviembre de ese año acompañó a los combatientes de regreso a Cuba, donde se recibió de médico.

Kabila, Laurent Desire (1939–2001) – Dirigente del movimiento juvenil congolés bajo Patricio Lumumba. Se opuso al golpe de estado de 1960 respaldado por Bruselas y Washington que derrocó al gobierno antiimperialista del país recién independizado, encabezado por Lumumba. Kabila ayudó a dirigir la rebelión de 1964 contra el régimen pro imperialista de Joseph Kasavubu y Moisés Tshombé. Era un dirigente de las fuerzas congolesas que en 1965 recibieron ayuda de la columna internacionalista cubana encabezada por Che Guevara. Fundó el Partido de la Revolución Popular en 1967. Después de la expulsión de la dictadura de Mobutu en 1997, Kabila pasó a ser jefe de estado del país. Fue asesinado en enero de 2001.

Lara, Luis (m. 1959) – Ex cabo del ejército de Batista, fue hecho prisionero tras la victoria de la revolución. Escapó y fue a las montañas de Pinar del Río, donde organizó la primera banda guerrillera contrarrevolucionaria, responsable de más de 20 asesinatos. Fue capturado, enjuiciado y ejecutado en diciembre de 1959.

LCB. *Ver* Lucha Contra Bandidos

López Pardo, Raúl (Raulín) (1943–1965) – De una familia humilde de pescadores en La Habana. Se integró al frente guerrillero del Directorio Revolucionario en el Escambray. Participante en el rescate del combatiente del Directorio Revolucionario encarcelado Joaquín Milanés en Santa Clara, diciembre de 1958. Primer teniente en las Fuerzas Armadas Revolucionarias.

Lucha Contra Bandidos (LCB) – Constituida el 3 de julio de 1962 como un comando especializado en el Ejército Central de las Fuerzas Armadas Revolucionarias para combatir los grupos contrarrevolucionarios. Se descontinuó después de la victoria sobre los bandidos, y muchos de sus cuadros formaron parte de un nuevo comando llamado Lucha Contra Piratas, para detener la infiltración contrarrevolucionaria que operaba desde el mar.

Lumumba, Patricio (1925–1961) – Dirigente de la lucha independentista en el Congo y primer ministro después de que el país se independendizara de Bélgica en junio de 1960. En septiembre de 1960, tras solicitar soldados de Naciones Unidas para que detuvieran los ataques de mercenarios respaldados por Bélgica, su gobierno fue derrocado en un golpe de estado instigado por Bruselas y Washington. Las tropas de Naciones Unidas que supuestamente custodiaban a Lumumba no tomaron medida alguna cuando él y dos de sus colaboradores fueron capturados y encarcelados. Después fueron entregados al gobierno secesionista de Moisés Tshombé en Katanga y asesinados.

Machado Ventura, José R. (Machadito) (n. 1930) – Miembro del Movimiento 26 de Julio y médico, se unió al Ejército Rebelde durante la guerra revolucionaria y sirvió bajo el mando de Raúl Castro, obteniendo el grado de comandante. Fue ministro de salud pública, 1960–68, y primer secretario del Comité Provincial del Partido Comunista en La Habana, 1971–76. Ha sido miembro del Comité Central del Partido Comunista desde 1965. Miembro del Buró Político por muchos años, ha pertenecido al secretariado del Comité Central desde 1976. Es miembro del Consejo de Estado.

Machín, Gustavo (1937–1967) – Activo en el movimiento contra Batista en la Universidad de La Habana y un dirigente del Directorio Revolucionario. En febrero de 1958 ayudó a organizar el desembarco de una columna guerrillera del Directorio, la cual estableció una base en la sierra del Escambray. En diciembre de 1958 combatió en la batalla de Santa Clara bajo el mando de Guevara, terminando la guerra con el grado de comandante. Machín sostuvo varios cargos gubernamentales después de 1959, entre ellos viceministro de industrias, antes de volver al servicio militar activo. Bajo el nombre de guerra de Alejandro, fue jefe de operaciones en el frente revolucionario en Bolivia en 1966–67; fue responsable de la planificación y coordinación de la logística militar. Cayó en combate en agosto de 1967.

Maisinicú, Hombre de. *Ver* Delgado, Alberto

Martí, José (1853–1895) – Destacado revolucionario, poeta, escritor, orador y periodista. Es el héroe nacional cubano. En 1892 fundó el Partido Revolucionario Cubano para combatir el dominio colonial español y oponerse a los designios de Washington de dominar a Cuba. Organizó y planificó la guerra independentista de 1895, y murió en combate en Dos Ríos, provincia de Oriente. Su programa antiimperialista y revolucionario forma parte de las tradiciones y legado político internacionalista de la Revolución Cubana.

Martínez Andrade, Juan Alberto (m. 1965) – Un bandido contrarrevolucionario en el Escambray desde 1961, donde encabezó una de las bandas; fue muerto en un enfrentamiento, el 7 de julio 1965.

Martínez Tamayo, José María (Papi) (1936–67) – Conocido también por los nombres de guerra de Mbili y Ricardo. Trabajó como el enlace de Guevara con las fuerzas revolucionarias en América Latina a partir de 1962. Sirvió con Guevara en el Congo y después en Bolivia, donde estuvo a cargo de los preparativos del frente guerrillero. Cayó en combate en junio de 1967.

Masferrer, Rolando (1914–1975) – Un senador pro batistiano y político burgués acaudalado. En la década de 1950 organizó y encabezó un escuadrón paramilitar privado de unos 2 mil torturadores, asesinos y extorsionistas conocidos como los "Tigres". En la década de 1930 Masferrer había militado en el Partido Comunista de Cuba (que en 1944 tomó el nombre de Partido Socialista Popular) y peleó como voluntario en la guerra civil española; abandonó el partido en 1945. Huyó de Cuba el 31 de diciembre de 1958. Murió en Miami al estallar un coche bomba en un atentado gansteril 16 años más tarde.

Menéndez, Jesús (1911–1948) – Secretario general de la Federación Nacional de Obreros del Azúcar y un dirigente del Partido Socialista Popular. En enero de 1948 fue asesinado en la estación de trenes de Manzanillo, por el capitán de policía Joaquín Casillas.

Menéndez Tomassevich, Raúl (Tomás) (1929–2001) – Captado al Movimiento 26 de Julio mientras se encontraba en prisión, ayudó a organizar una fuga de la cárcel el 30 de noviembre de 1956, como parte del levantamiento dirigido en Santiago por Frank País, planeado para que coincidiera con el desembarco del *Granma*. Peleó en la clandestinidad y en mayo de 1957 se integró al Ejército Rebelde, donde llegó a capitán en el II Frente

Oriental dirigido por Raúl Castro. Dirigió el Batallón 117 de las fuerzas cubanas en Playa Girón. En 1962 pasó a encabezar las fuerzas especializadas de Lucha Contra Bandidos. En 1966 ayudó a organizar los voluntarios cubanos que ayudaron a las fuerzas que luchaban en pos de la independencia de Guinea-Bissau contra Portugal. Participó en un movimiento guerrillero en Venezuela en 1967. Cumplió tres misiones en Angola durante las décadas de 1970 y 1980, en dos ocasiones como jefe de la misión militar cubana. Miembro del Comité Central del Partido Comunista desde 1965. Era general de división al momento de su fallecimiento.

Milanés Olivares, Joaquín (El Magnífico) – Miembro del Directorio Revolucionario que participó en el frustrado intento de ajusticiar al ministro batistiano Santiago Rey en La Habana, el 13 de junio de 1958. Arrestado en Sancti Spíritus, fue liberado mediante un operativo tipo comando en Santa Clara, el 17 de diciembre de 1958. Designado dirigente de la unidad comando "Ramón González Coro" con el grado de capitán, participó en la batalla por la liberación de Trinidad, 28–31 de diciembre, 1958.

Morejón, Julián – Jefe de compañía en LCB. Posteriormente sirvió como miembro del contingente cubano en el Congo dirigido por Che.

Morgan, William (1928–1961) – Un ex miembro del ejército norteamericano, fue dirigente del Segundo Frente Nacional del Escambray. Tras la caída de la dictadura, montó un criadero de ranas toro cerca de Trinidad, que utilizó para canalizar suministros para las bandas contrarrevolucionarias armadas en el Escambray, antes de incorporárseles él mismo. Fue capturado, enjuiciado y ejecutado en marzo de 1961.

Movimiento Revolucionario 26 de Julio – Fundado en junio de 1955 por Fidel Castro y otros veteranos del ataque al Moncada, junto a jóvenes activistas del ala izquierda del Partido

Ortodoxo, y otras fuerzas, entre ellas Acción Nacional Revolucionaria encabezada por Frank País en Santiago de Cuba y veteranos del Movimiento Nacional Revolucionario como Armando Hart y Faustino Pérez en La Habana. El Movimiento 26 de Julio se separó del Partido Ortodoxo en marzo de 1956. Durante la guerra revolucionaria estuvo integrado por el Ejército Rebelde en las montañas *(Sierra)* y la red clandestina urbana *(Llano).* Fidel Castro pasó a ser el secretario general del movimiento en mayo de 1958. Comenzó a editar *Revolución* durante la guerra revolucionaria. Después de la victoria, el Movimiento 26 de Julio se unió en 1961 con el Partido Socialista Popular y el Directorio Revolucionario para formar las Organizaciones Revolucionarias Integradas y posteriormente el Partido Comunista de Cuba

Moja – Nombre de guerra de Víctor Dreke en el Congo.

Nieves, Raúl (n. 1936) – Trabajador industrial, fue miembro prominente de la Juventud Ortodoxa. Fue comandante en la columna del Directorio Revolucionario en el Escambray en 1958. Como jefe del escuadrón "Ramón Pando Ferrer" dirigió el ataque contra el Escuadrón 31 durante la Batalla de Santa Clara. Después del triunfo de la revolución, fue nombrado jefe de la policía en Cienfuegos. Después sirvió en la unidad general de inspección del ejército, y trabajó con Che Guevara en el Departamento de Industrias del Instituto Nacional de Reforma Agraria. Posteriormente trabajó en el Ministerio de Transporte.

Olachea, Catalino – Teniente en Lucha Contra Bandidos. Fungió como jefe de compañía en el contingente cubano en el Congo bajo el mando de Che en 1965.

Oliva, Rogelio – Revolucionario cubano asignado a la embajada cubana en Tanzania en noviembre de 1963. Fue asignado en 1965 para que desde Tanzania mantuviera contacto entre Cuba y la columna de Che.

Organización Auténtica Triple A – Organización militar establecida por dirigentes del Partido Auténtico para oponerse a Batista luego del golpe de 1952.

Organización de la Unidad Africana (OUA) – Fundada en mayo de 1963 en Etiopía por 32 estados africanos. Su carta propugna el fin del colonialismo y la independencia y soberanía de toda África. Durante 1964–65, la OUA apoyó la lucha del Congo contra el régimen neocolonial, apoyo que retiró en noviembre de 1965. La OUA actualmente incluye prácticamente a todos los gobiernos de África.

País, Frank (1934–1957) – Vicepresidente de la Federación Estudiantil Universitaria de Oriente, fue el dirigente central de Acción Revolucionaria de Oriente, más tarde denominada Acción Nacional Revolucionaria, la cual se fusionó en 1955 con los veteranos del asalto al Moncada y otras fuerzas para conformar el Movimiento 26 de Julio en 1955. Fue el principal dirigente del Movimiento 26 de Julio en la provincia de Oriente, coordinador de acción a nivel nacional del Movimiento 26 de Julio y jefe de sus milicias urbanas. Fue asesinado por las fuerzas de la dictadura el 30 de julio de 1957.

Paneque, Víctor – Un dirigente del Movimiento 26 de Julio en Las Villas durante la guerra revolucionaria. Abandonó el país después de la victoria de la revolución, pasando a ser jefe del contrarrevolucionario Movimiento Insurreccional de Recuperación Revolucionaria (MIRR).

Papi. *Ver* Martínez Tamayo, José María

Pardo Llada, José (n. 1923) – Locutor radial y dirigente del Partido Ortodoxo. Rompió con los ortodoxos en 1954, participó en el Movimiento de la Nación y otras actividades antibatistianas organizadas por la oposición burguesa. Siguió como locutor después de la revolución, se fue de Cuba en marzo de 1961.

Partido Auténtico (Partido Revolucionario Cubano) – Partido nacionalista-burgués conocido popularmente como los *autén-*

ticos. Formado en 1934, el partido se reclamaba el auténtico sucesor del Partido Revolucionario Cubano de José Martí. El partido ostentó la presidencia desde 1944 hasta 1952, con Ramón Grau y luego con Carlos Prío. Fue uno de los principales componentes de la oposición burguesa contra Batista en 1952–58. Después de caer el régimen batistiano y conforme se profundizaba la revolución durante 1959–60, los dirigentes del Partido Auténtico se fueron de Cuba hacia Estados Unidos, donde se sumaron a las fuerzas contrarrevolucionarias.

Partido Ortodoxo (Partido del Pueblo Cubano) – Conocido como los *ortodoxos*, este partido fue fundado en 1947 a partir de una plataforma de oposición al dominio norteamericano sobre Cuba y contra la corrupción gubernamental. Muchos de los cuadros iniciales del ataque al Moncada provinieron de su ala juvenil. Su dirección viró hacia la derecha después del golpe de estado de Batista de 1952 y el partido se fragmentó.

Partido Socialista Popular (PSP) – Nombre adoptado en 1944 por el Partido Comunista de Cuba. Se opuso al golpe de estado y a la dictadura de Batista pero inicialmente rechazó el curso político del asalto al Moncada y el del Movimiento 26 de Julio y el Ejército Rebelde de lanzar la guerra revolucionaria en 1956–57. El PSP colaboró con el Movimiento 26 de Julio en los últimos meses de la lucha con el fin de derrocar a la dictadura batistiana. Tras la victoria de la revolución, el PSP se fusionó con el Movimiento 26 de Julio y el Directorio Revolucionario en 1961 para formar las Organizaciones Revolucionarias Integradas y en 1965 el Partido Comunista de Cuba.

Pazos, Felipe (1912–2001) – Presidente del Banco Nacional de Cuba durante la administración de Prío, se opuso al golpe de estado de Batista de 1952. Presidió el Banco Nacional de enero a octubre de 1959, cuando fue reemplazado por Che Guevara. Se opuso a las medidas revolucionarias y se fue de Cuba hacia Estados Unidos.

Peña, Lázaro (1911–1974) – Se afilió al Partido Comunista en 1929. Un dirigente del Partido Socialista Popular antes de la revolución, fue secretario general de la federación sindical cubana, 1939–49, 1961–66 y 1973–74. Miembro del Comité Central del Partido Comunista a la fecha de su muerte.

Pinares. *Ver* Sánchez, Antonio

Piñeiro, Manuel (1933–1998) – Un participante en las protestas estudiantiles contra el golpe de estado de Batista de 1952, fue enviado por su familia a Estados Unidos, donde atendió la Universidad de Columbia y fue hondamente afectado por el racismo e iniquidad social en Estados Unidos. A su regreso a Cuba, pasó a ser uno de los miembros fundadores del Movimiento 26 de Julio en 1955. Se unió al Ejército Rebelde en 1957 y combatió en la columna de Raúl Castro durante la guerra revolucionaria. Fue ascendido a comandante en enero de 1959. Después de la victoria ayudó a organizar la Seguridad del Estado. En junio de 1961 pasó a ser viceministro del interior así como jefe del viceministerio técnico del mismo, responsable de coordinar el apoyo cubano a los movimientos revolucionarios alrededor del mundo durante la década de 1960, incluido el apoyo a las columnas de Che Guevara en el Congo y Bolivia. En 1970 fue designado viceministro primero del Ministerio del Interior y jefe de su Dirección General de Liberación Nacional. En 1975 pasó a ocupar la jefatura del Departamento América del Partido Comunista, cargo que desempeñó por 17 años. Fue miembro del Comité Central del partido desde 1965 hasta 1997.

Pombo. *Ver* Villegas, Harry

Prieto, Plinio (1923–1960) – Miembro de la Dirección Nacional de la Organización Auténtica durante la dictadura de Batista. En 1958 se unió al Segundo Frente Nacional del Escambray. En junio de 1960 se alzó en armas contra la revolución y ayudó a organizar una banda contrarrevolucionaria en el Escambray junto a Sinesio Walsh. Fue capturado, procesado y ejecutado en octubre de 1960.

Prío Socarrás, Carlos (1903–1977) – Dirigente del Partido Auténtico y presidente de Cuba desde 1948 hasta el golpe de estado de Batista de 1952. Fue una figura prominente en la oposición burguesa durante la guerra revolucionaria cubana. A comienzos de 1961 se fue de Cuba y partió hacia Estados Unidos.

Proenza, Lizardo (1926–1975) – De una familia campesina de la provincia de Oriente, se unió a la lucha revolucionaria después del golpe de estado de Batista. Miembro del Movimiento 26 de julio en Bayamo, sobrevivió un atentado por parte de la policía. Posteriormente se incorporó a una unidad guerrillera del Ejército Rebelde en Oriente y luchó en el norte de esa provincia. Fue ascendido a capitán después del triunfo de la revolución y más tarde encabezó una unidad de Lucha Contra Bandidos en Matanzas. En 1965 encabezó toda la operación de LCB.

Quesada, Ramón – Dirigente de una banda contrarrevolucionaria en el Escambray. Salió de Cuba y retornó en un desembarco organizado por la CIA dirigido por Eloy Gutiérrez Menoyo en diciembre de 1964. Fue capturado, procesado y encarcelado junto con otros miembros de la banda.

Ramírez, Osvaldo (m. 1962) – Un miembro de la columna guerrillera del Directorio Revolucionario durante la guerra revolucionaria, pasó a ser jefe de escuadrón en Caracusey después de la victoria. Posteriormente fue bandido contrarrevolucionario en el Escambray. En enero de 1961 pasó a encabezar la organización que agrupaba a todos los bandidos, el Ejército de Liberación Nacional (ELN). Fue muerto en un enfrentamiento en abril de 1962.

Rey, Santiago (n. 1910) – Ministro de gobernación en 1958 bajo la dictadura batistiana. Huyó de Cuba el primero de enero de

1959, y salió hacia República Dominicana, donde después fue un estrecho colaborador del presidente dominicano Joaquín Balaguer.

Reyes, Eliseo (San Luis) (1940–1967) – Oriundo de San Luis en la provincia cubana de Oriente, estuvo activo en la lucha clandestina contra Batista y se unió al Ejército Rebelde en 1957, sirviendo en la columna de Guevara y alcanzando el grado de capitán. Tras el triunfo de la revolución encabezó la policía militar en el cuartel de La Cabaña en La Habana, desempeñó cargos militares en Las Villas, y pasó a ser jefe de la G-2, la división de contrainteligencia de la policía cubana. En 1962 fue enviado a Pinar del Río para ayudar a dirigir las operaciones contra las bandas contrarrevolucionarias, y fue elegido al Comité Central del Partido Comunista de Cuba en octubre de 1965. Como combatiente voluntario en 1966–67 se unió al frente revolucionario dirigido por Che Guevara en Bolivia, con el nombre de guerra de Rolando. Miembro del estado mayor del frente, era responsable de la dirección política de la tropa. Cayó en combate en abril de 1967.

Rivalta, Pablo (n. 1926) – Miembro del Partido Socialista Popular, se unió al Ejército Rebelde en 1957 y ascendió a capitán, sirviendo en la columna invasora de Che Guevara en 1958. En noviembre de 1963 fue designado embajador de Cuba en Tanzania, donde en 1965 ayudó a coordinar el apoyo cubano a la columna dirigida por Che en el Congo.

Rodríguez Sánchez, Conrado (1920–1997) – Dirigente del sindicato de trabajadores del azúcar en Sagua la Grande a comienzos de la década de 1950 y partidario del Partido Auténtico. Abandonó Cuba, yendo hacia Estados Unidos después del triunfo de la revolución y se unió a las organizaciones contrarrevolucionarias cubanas en el exilio.

Sacerio, Roberto (n. 1935) – Miembro fundador del Directorio Revolucionario en Sagua la Grande. Se unió a su frente guerillero en el Escambray, y fue miembro del comando "Ramón Pando Ferrer". Participó en la batalla de Santa Clara.

Sánchez Arango, Aureliano (1907–1976) – Ex activista estudiantil en la lucha contra la dictadura machadista de 1925–33, posteriormente fungió como ministro de educación en el gobierno de Carlos Prío. Durante la dictadura de Batista formó una organización llamada sencillamente las AAA, que declaró como propósito librar la lucha armada contra la dictadura, sin hacerlo. Después de la victoria de la revolución se dedicó a la actividad contrarrevolucionaria y luego huyó a Estados Unidos.

Sánchez, Antonio (Pinares) (1927–1967) – Oriundo de la provincia de Pinar del Río en Cuba occidental, donde trabajó como albañil. Se fue a la Sierra Maestra a comienzos de 1957 y después de una búsqueda de tres meses logró dar con el Ejército Rebelde e integrársele, llegó a capitán y jefe de la retaguardia en la columna de Camilo Cienfuegos. Fue ascendido a comandante el 4 de enero de 1959. Posteriormente ocupó varios puestos en las fuerzas armadas, entre ellos jefe de operaciones en Pinar del Río, jefe de cuerpo de ejército en Camagüey y comandante militar en Isla de Pinos. Fue electo al Comité Central del Partido Comunista de Cuba en octubre de 1965. En noviembre de 1966 se integró al frente revolucionario dirigido por Che Guevara en Bolivia con el nombre de Marcos. Cayó en combate en junio de 1967.

San Luis. *Ver* Reyes, Eliseo

Santiago, Antonio (Tony) (1923–1961) – Oriundo de Placetas en Las Villas, sus padres lo enviaron a Estados Unidos cuando tenía 18 años. Ingresó a la marina de guerra norteamericana durante la Segunda Guerra Mundial, y combatió en el Pacífico. Retornó a Cuba después de la guerra y se exilió en Estados Unidos tras el golpe de estado de Batista de 1952. Habiéndose unido al movimiento revolucionario como exiliado, zarpó hacia Cuba con el Directorio Revolucionario en febrero de 1958 y se integró a su frente guerrillero en el Escambray. Santiago devino comandante en esa columna, la cual pasó a formar parte del frente del Ejército Rebelde dirigido por Che Guevara en Las Villas. En octubre de 1959, trabajando para la Seguridad del Estado cubana, fingió romper con la revolución a fin de infiltrar a las fuerzas respaldadas por la CIA. Fue muerto en enero de 1961 por piratas, cubanos contrarrevolucionarios mientras navegaba de regreso a Cuba, donde iba a ocupar el puesto que la CIA le había asignado como jefe de todas las bandas contrarrevolucionarias armadas en el Escambray.

Savimbi, Jonas (n. 1934) – En 1960, siendo estudiante, se unió a una organización que propugnaba la independencia angolana del régimen portugués. En 1966 fundó la Unión Nacional para la Independencia Total de Angola (UNITA). En 1975, conforme el régimen colonial portugués se derrumbaba, se alió con la Sudáfrica del apartheid y con el imperialismo norteamericano en sus esfuerzos de derrocar al gobierno del país recién independizado dirigido por el Movimiento Popular para la Liberación de Angola (MPLA). Desde entonces, UNITA ha librado una guerra terrorista contra el gobierno angolano con el apoyo de Washington, matando a cientos de miles.

Segundo Frente Nacional del Escambray – Grupo armado en Las Villas dirigido por Eloy Gutiérrez Menoyo. El frente fue formado el 10 de noviembre de 1957, a iniciativa del Directorio Revolucionario, pero traicionó los objetivos políticos del Directorio y aterrorizó a los campesinos del Escambray, por lo que fue expulsado a mediados de 1958. Rehusó colaborar con las fuerzas de Guevara y con otras unidades revolucionarias. La mayoría de sus líderes se unió a la contrarrevolución después de 1959.

Sékou Touré, Ahmed (1922–1984) – Dirigente de la lucha independentista contra Francia en lo que es hoy la República de

Guinea. Tras la independencia del país, pasó a ocupar la presidencia, cargo que ejerció hasta el momento de su fallecimiento.

Soumialot, Gaston – Dirigente del levantamiento de 1964–65 en el Congo contra el régimen pro imperialista. Fue ministro de defensa en la efímera República Popular Congolesa proclamada por los rebeldes en 1964.

Tartabul, Roberto (m. 1963) – Ex miembro del Ejército Rebelde quien fue dado de baja a comienzos de la década de 1960 y que posteriormente pasó a ser dirigente de una banda contrarrevolucionaria en el Escambray. Murió en un enfrentamiento en agosto de 1963.

Tchamlesso, Godefroid (Tremendo Punto) – Un dirigente de las fuerzas antiimperialistas congolesas. Principal dirigente congolés en contacto con el contingente cubano dirigido por Che Guevara. Actualmente vive en Cuba.

Terry, Santiago (1930–1986) – Combatiente del Ejército Rebelde en la Sierra Maestra. Fue uno de los dirigentes del contingente cubano en el Congo en 1965 y era coronel de las Fuerzas Armadas Revolucionarias a la fecha de su muerte.

Tomassevich. *Ver* Menéndez Tomassevich, Raúl

Torres, Félix – Se unió al partido comunista en 1934. Dirigió una columna guerrillera del PSP en el norte de Las Villas, la cual se subordinó a Camilo Cienfuegos. Devino comandante en el Ejército Rebelde.

Trujillo, Rafael Leónidas (1891–1961) – Dictador de República Dominicana desde 1930 hasta su muerte. Después de 1959 organizó ataques contra Cuba respaldado por Washington. Fue asesinado por opositores revolucionarios de la dictadura.

Tshombé, Moisés (1919–1969) – Dirigió el intento separatista de la provincia de Katanga (actualmente Shaba) luego que el Congo conquistara su independencia de Bélgica en 1960. Ayudó a organizar el asesinato de Lumumba en 1961. Tshombé fue primer ministro del Congo, 1964–65.

Unión de Jóvenes Comunistas (UJC) – Surgida a partir de la Asociación de Jóvenes Rebeldes (AJR) fundada por el Departamento de Instrucción del Ejército Rebelde en diciembre de 1959. Luego de una fusión de las organizaciones juveniles pro revolucionarias en octubre de 1960, la AJR comprendió a las juventudes del Movimiento 26 de Julio, del Directorio Revolucionario 13 de Marzo y a la Juventud Socialista del Partido Socialista Popular. Adoptó el nombre de UJC el 4 de abril de 1962.

Valdés, Ramiro (n. 1932) – Participante en el asalto del Moncada en 1953, fue sentenciado a 10 años de prisión. Excarcelado en mayo de 1955 después de una campaña de amnistía. Un expedicionario del *Granma*, fue segundo jefe en la Columna 4 de Guevara en el Ejército Rebelde, y posteriormente devino comandante, y fue segundo jefe, y más adelante comandante, de la Columna 8 en Las Villas. En 1961–68, 1970–87 fue ministro del interior. Miembro del Comité Central del Partido Comunista desde 1965 y del Buró Político, 1965–86.

Vargas, Luis (m. 1965) – Uno de los últimos bandidos en el Escambray, fue capturado, juzgado y ejecutado en diciembre 1965.

Varona, Antonio (Tony) (1908–1992) – Un dirigente del Partido Auténtico, cumplió dos períodos como senador por Camagüey y fue primer ministro de Cuba en 1948–50. Después de la revolución se fue de Cuba y fue un prominente testaferro en el Consejo Revolucionario Cubano, formado en 1961 a iniciativa de la CIA para que se convirtiera en "gobierno provisional" después de la invasión por Bahía de Cochinos.

Varona, Ricardo – Un estudiante que pasó a ser combatiente del frente guerrillero del Directorio Revolucionario en el Escambray. Capitán en el Ejército Rebelde, participó en el ataque a Placetas y en otras acciones. Combatió en la batalla de Santa Clara. Después de la victoria revolucionaria fue miembro prominente de la Fuerza Aérea Revolucionaria.

Villegas, Harry (Pombo) (n. 1940) – Nació en Yara, provincia de Oriente, se unió al Ejército Rebelde en 1957 y pasó a ser un miembro de la escolta personal de Che Guevara en las Columnas 4 y 8. Sirvió con Guevara en el Congo —donde Che le puso el nombre de guerra de "Pombo"—, y más tarde en Bolivia, donde fue miembro del estado mayor del movimiento guerrillero. Luego que Guevara fuera asesinado en octubre de 1967, Villegas comandó al grupo de combatientes sobrevivientes que eludieron el cerco organizado conjuntamente por el ejército boliviano y las fuerzas militares norteamericanas, logrando retornar a Cuba en marzo de 1968. En las décadas de 1970 y 1980, cumplió misión en Angola en tres ocasiones. General de brigada en las fuerzas armadas cubanas, ha dejado el servicio militar activo; un miembro del Comité Central del Partido Comunista; encabeza el Frente Patriótico, Militar e Internacionalista y vicepresidente ejecutivo a nivel nacional de la Asociación de Combatientes de la Revolución Cubana.

Walsh, Sinesio (m.1960) – Un miembro del Ejército Rebelde durante la guerra revolucionaria, fue ascendido a capitán tras la victoria de la revolución, y pasó a ser jefe del escuadrón de Cruces. En agosto de 1960 ayudó a organizar una banda contrarrevolucionaria en el Escambray, y fue capturado, procesado y ejecutado en octubre de ese año.

Westbrook, Joe (1937–1957) – Dirigente juvenil del Directorio Revolucionario y sobreviviente del ataque al Palacio Presidencial del 13 de marzo de 1957, fue asesinado por la policía de Batista el 20 de abril, en la masacre de Humboldt 7 en La Habana.

Zayas, Alfonso (n. 1936) – Se unió al Ejército Rebelde en marzo de 1957, y fue capitán en la Columna 8 bajo el mando de Guevara. Después de la victoria de la revolución fue secretario político del Ejército Occidental, primer secretario del Partido Comunista en Las Tunas, y luego un oficial en el Ejército Juvenil del Trabajo. Un general de brigada, ha dejado el servicio militar activo y es un dirigente de la Asociación de Combatientes de la Revolución Cubana.

Zerquera, Rafael (Kumi) (n. 1932) – Fungió como médico en el contingente internacionalista dirigido por Che Guevara en el Congo en 1965.

Índice

LA REVOLUCIÓN CUBANA Y SU IMPACTO, DE ÁFRICA A EEUU

Zona Roja

Cuba y la batalla contra el ébola en África Occidental

ENRIQUE UBIETA GÓMEZ

Cuando tres naciones africanas fueron asoladas en 2014–15 por una epidemia de ébola, el gobierno revolucionario de Cuba brindó lo que ningún otro país intentó aportar: más de 250 médicos, enfermeros y especialistas de salud pública voluntarios. Este recuento testimonial de sus actividades demuestra el tipo de hombres y mujeres que solo una revolución socialista puede producir. US$17. También en inglés y francés.

Colombia: Fidel Castro sobre el debate acerca de la estrategia revolucionaria y lecciones de la Revolución Cubana

DE LAS PÁGINAS DEL *MILITANTE*

Fragmentos del libro *La paz en Colombia* de Fidel Castro y artículos del *Militante*. Al describir las gestiones de la dirección cubana para poner fin a décadas de guerra entre el movimiento guerrillero FARC y el brutal régimen colombiano, Castro en su introducción, epílogo y otras declaraciones explica por qué los revolucionarios cubanos, a diferencia del liderazgo de las FARC, rehusaron tomar rehenes y organizaron a los trabajadores para tomar el poder estatal en vez de librar una "guerra popular prolongada". US$5. También en inglés.

Cuba y Angola: La guerra por la libertad

HARRY VILLEGAS ("POMBO")

La historia del aporte inédito de Cuba a la lucha por liberar África del azote del apartheid. Y de cómo se fortaleció así la revolución socialista cubana. US$10. También en inglés, persa y griego.

Che Guevara sobre economía y política en la transición al socialismo

CARLOS TABLADA

Ernesto Che Guevara fue un dirigente central de la vanguardia comunista de la Revolución Cubana forjada políticamente por Fidel Castro. Es esencial que el pueblo trabajador tome el poder estatal, escribe Che. "Después viene la segunda etapa, quizás más difícil que la anterior": la transición del capitalismo, con sus valores despiadados, hacia el socialismo. Esto incluye pasar del trabajo como condición obligatoria para la supervivencia, hacia el trabajo social voluntario a través del cual expresamos nuestra humanidad común. US$17. También en inglés, francés y griego.

Che Guevara, Cuba y el camino al socialismo

ERNESTO CHE GUEVARA
CARLOS RAFAEL RODRÍGUEZ
CARLOS TABLADA, MARY-ALICE WATERS
STEVE CLARK, JACK BARNES

Intercambios de los primeros años de la Revolución Cubana y actuales sobre las perspectivas políticas que Che Guevara reivindicó al ayudar a dirigir al pueblo trabajador a impulsar la transformación de las relaciones económicas y sociales en Cuba. En *Nueva Internacional* no. 2. US$14. También en inglés.

Cuba y la revolución norteamericana que viene

JACK BARNES

Sobre las luchas del pueblo trabajador en el corazón del imperialismo, sobre los jóvenes atraídos a ellas y el ejemplo del pueblo cubano, el cual muestra que una revolución no solo es necesaria: se puede hacer. Trata sobre la lucha de clases en Estados Unidos, donde hoy las fuerzas dominantes descartan las capacidades revolucionarias de los trabajadores y agricultores tan rotundamente como descartaron las del pueblo trabajador cubano. Y de forma igualmente errada. US$10. También en inglés, francés y persa.

PATHFINDERPRESS.COM

LA CLASE TRABAJADORA Y LA LUCHA CONTRA EL ODIO ANTIJUDÍO

La cuestión judía

Una interpretación marxista

ABRAM LEON

La batalla contra las fuerzas reaccionarias que buscan exterminar a los judíos sigue siendo crucial en la política mundial, como lo demostró el pogromo genocida en octubre de 2023 en Israel. ¿Por qué sigue levantando su fea cabeza el odio antijudío? ¿Cuáles son sus raíces de clase? ¿Por qué, como explica Abram Leon, no hay solución "independientemente de la revolución proletaria mundial"? Con una traducción revisada, nueva introducción y 40 páginas de ilustraciones y mapas. US$17. También en inglés y francés.

On the Jewish Question

(Sobre la cuestión judía)

LEÓN TROTSKY

"Hoy más que nunca el futuro del pueblo judío está vinculado indisolublemente con la lucha emancipadora del proletariado internacional", escribió León Trotsky. Escritos del exiliado líder bolchevique de los años 30. En inglés. US$5

The Founding of the Socialist Workers Party

(La fundación del Partido Socialista de los Trabajadores)

JAMES P. CANNON

Al fundar el Partido Socialista de los Trabajadores en 1938–39, los revolucionarios en EEUU se basaron en dos décadas de experiencia en forjar un partido comunista. Trazaron una perspectiva obrera para resistir la inminente guerra imperialista, combatir el fascismo y el odio antijudío, luchar por los derechos de los negros, forjar una alianza con los agricultores e impulsar la batalla por transformar los sindicatos en instrumentos revolucionarios de lucha. En inglés. US$23

LA CONSTRUCCIÓN DE UN PARTIDO PROLETARIO

Ya superamos el punto más bajo de la resistencia del pueblo trabajador

El Partido Socialista de los Trabajadores mira hacia adelante

JACK BARNES, MARY-ALICE WATERS
STEVE CLARK

El orden global impuesto por Washington tras su victoria en la Segunda Guerra Mundial se está desquebrajando. Un largo repliegue de la clase trabajadora y los sindicatos ha llegado a su fin. Más y más trabajadores de todas las edades, colores de piel y de ambos sexos están diciendo "¡Basta!" Este libro destaca las oportunidades por delante para construir un partido proletario de masas capaz de dirigir la lucha para poner fin al dominio capitalista, abriendo un futuro para la humanidad. US$10. También en inglés y francés.

El trabajo, la naturaleza y la evolución de la humanidad

La visión larga de la historia

FEDERICO ENGELS, CARLOS MARX
GEORGE NOVACK, MARY-ALICE WATERS

Sin comprender que el trabajo social, al transformar la naturaleza, ha impulsado la evolución de la humanidad durante millones de años, los trabajadores no podremos ver más allá de la época capitalista de explotación de clases que deforma todas las relaciones, ideas y valores humanos. Solo la conquista revolucionaria del poder estatal por la clase trabajadora podrá abrir la puerta a un mundo libre de la explotación capitalista, degradación de la naturaleza, subyugación de la mujer, racismo y guerras. Un mundo basado en la solidaridad humana. Un mundo socialista. US$12. También en inglés y francés.

LA CRISIS CAPITALISTA Y LA LUCHA POR EL PODER OBRERO

¿Son ricos porque son inteligentes?

Clase, privilegio y aprendizaje en el capitalismo

JACK BARNES

Expone las crecientes desigualdades de clase en EEUU y las justificaciones de las capas profesionales bien remuneradas que creen que su "brillantez" las califica para "regular" a los trabajadores, quienes supuestamente no sabemos lo que nos conviene. US$10. También en inglés, francés, persa y árabe.

En defensa de la clase trabajadora norteamericana

MARY-ALICE WATERS

Basándose en las mejores tradiciones combativas de trabajadores de todos los colores de piel y orígenes nacionales, decenas de miles de trabajadores en Virginia del Oeste, Oklahoma, Florida y otros estados libraron huelgas victoriosas en 2018 y restauraron el derecho a votar para ex presos. Los que Hillary Clinton tacha de "deplorables" han comenzado a resistir. US$7. También en inglés, francés, persa y griego.

¿Es posible una revolución socialista en Estados Unidos?

Un debate necesario entre el pueblo trabajador

MARY-ALICE WATERS

Un rotundo "sí" es la respuesta que se presenta aquí. Posible, pero no inevitable. Eso depende de lo que haga el pueblo trabajador. US$7. También en inglés, francés y persa.

Malcolm X habla a la juventud

"La joven generación de blancos, negros, morenos y demás: ustedes viven en tiempos de revolución", dijo Malcolm X en diciembre de 1964. "Yo me sumaré a quien sea, no me importa de qué color seas, siempre que quieras cambiar la condición miserable que existe en este mundo". Cuatro charlas y entrevistas que Malcolm dio en los últimos meses de su vida. US$12. También en inglés, francés, persa y griego.

The Transitional Program for Socialist Revolution

(El programa de transición para la revolución socialista)

LEÓN TROTSKY

El programa del Partido Socialista de los Trabajadores, redactado por Trotsky en 1938, sigue guiando al PST y a comunistas por todo el mundo. El partido "combate intransigentemente a todas las agrupaciones políticas que están atadas a las faldas de la burguesía. Su tarea: la abolición del dominio capitalista. Su objetivo: el socialismo. Su método: la revolución proletaria". En inglés y persa. US$17

El historial antiobrero de los Clinton

Por qué Washington le teme al pueblo trabajador

JACK BARNES

Lo que el pueblo trabajador necesita saber sobre el curso, impulsado por el lucro, que han seguido los demócratas y republicanos por igual en los últimos 30 años. Y el despertar político de los trabajadores que buscan entender y resistir los ataques de los gobernantes capitalistas. US$10. También en inglés, francés, persa y griego.

Nueva Internacional

UNA REVISTA DE POLÍTICA Y TEORÍA MARXISTAS

NUEVA INTERNACIONAL Nº. 7

Nuestra política empieza con el mundo

JACK BARNES

Las enormes desigualdades entre los países imperialistas y semicoloniales, y entre las clases dentro de cada uno, son acentuadas por el mismo capitalismo. Para forjar partidos capaces de dirigir una exitosa lucha revolucionaria por el poder en nuestros propios países, los trabajadores de vanguardia debemos guiarnos por una estrategia para cerrar esta brecha. US$14. También en inglés, francés, persa y griego.

NUEVA INTERNACIONAL Nº. 1

Los cañonazos iniciales de la Tercera Guerra Mundial: El ataque de Washington contra Iraq

JACK BARNES

El ataque asesino contra Iraq en 1990–91 anunció crecientes conflictos entre las potencias imperialistas, una mayor inestabilidad del capitalismo y más guerras. También incluye:

1945: Cuando las tropas norteamericanas dijeron '¡No!'
por Mary-Alice Waters

Lecciones de la guerra Irán-Iraq por Samad Sharif

US$14. También en inglés, francés y persa.

NUEVA INTERNACIONAL Nº. 4

La marcha del imperialismo hacia el fascismo y la guerra

JACK BARNES

"Habrá nuevos Hitlers, nuevos Mussolinis. Eso es inevitable. Lo que no es inevitable es que triunfen. La vanguardia obrera organizará a nuestra clase para combatir el terrible precio que nos hacen pagar los patrones por la crisis capitalista. El futuro de la humanidad se decidirá en la contienda entre estas dos fuerzas enemigas de clase". US$14. También en inglés, francés, persa y griego.

AMPLÍE SU BIBLIOTECA REVOLUCIONARIA

En defensa del marxismo

LEÓN TROTSKY

US$17. También en inglés.

León Trotsky responde a los que, dentro del movimiento revolucionario a fines de los años 30, abandonaban la defensa del estado obrero sovietico, amenazado por la agresión imperialista. Y explica que solo un partido con un programa, membresía y dirección proletarios será capaz de mantener un rumbo revolucionario firme.

La lucha por un partido proletario

JAMES P. CANNON

US$8. También en inglés y persa.

Dos dirigentes obreros revolucionarios explican la exitosa lucha para mantener un curso político proletario ante las crecientes presiones imperialistas durante la escalada militar de Washington previa a la Segunda Guerra Mundial. "La composición de clase del partido", dice Trotsky, "debe corresponder a su programa de clase".

El Manifiesto Comunista

CARLOS MARX Y FEDERICO ENGELS

El comunismo, según explican los dirigentes fundadores del movimiento obrero revolucionario, no es un conjunto de ideas o "principios" preconcebidos sino el camino de la clase obrera hacia el poder, que surge de un "movimiento que se desarrolla ante nuestros ojos". US$5. También en inglés, francés, persa y árabe.

La última lucha de Lenin

Discursos y escritos, 1922–23

V.I. LENIN

En 1922 y 1923, V.I. Lenin, dirigente central de la primera revolución socialista, libró su última batalla política, lucha que tras su muerte se perdió. Lo que estaba en juego era si esa revolución, y el movimiento comunista internacional que esta dirigía, mantendría el curso proletario que había llevado al poder a los trabajadores y campesinos en octubre de 1917. US$17. También en inglés, persa y griego.

America's Revolutionary Heritage

Marxist Essays

(La herencia revolucionaria de Estados Unidos: Ensayos marxistas)

GEORGE NOVACK

Una explicación materialista de la Revolución Norteamericana, la Guerra Civil y la Reconstrucción Radical, el genocidio contra los indígenas, el ascenso del imperialismo norteamericano, la primera ola de luchas por los derechos de la mujer y mucho más. En inglés. US$23

Rebelión Teamster

FARRELL DOBBS

Sobre las huelgas de 1934 que lograron la sindicalización de camioneros y trabajadores de depósitos en Minneapolis y allanaron el camino para el movimiento social obrero que forjó los sindicatos industriales. El primero de cuatro tomos narrados por un dirigente central de estas batallas. US$16. También en inglés, francés, persa y griego.

¡Qué lejos hemos llegado los esclavos!

Sudáfrica y Cuba en el mundo de hoy

NELSON MANDELA, FIDEL CASTRO

Mandela y Castro, hablando juntos en Cuba en 1991, abordan el papel decisivo de Cuba en la historia africana y la victoria en Angola contra el ejército invasor sudafricano, y cómo impulsó la lucha que derrocó el sistema racista del apartheid. US$7. También en inglés y persa.

The Emancipation of Women

(La emancipación de la mujer)

V.I. LENIN

La emancipación de la mujer, escribió Lenin, empezará "solo cuando comience una lucha sin cuartel, dirigida por el proletariado dueño del poder estatal", para incorporar a las mujeres como iguales en el trabajo social productivo. Y cuando comience a transformarse la preparación de alimentos, el cuidado infantil y otras tareas domésticas "en una economía socialista en gran escala". En inglés. US$7

El capitalismo y la transformación de África

Reportajes desde Guinea Ecuatorial

MARY-ALICE WATERS, MARTÍN KOPPEL

Describe cómo, a medida que Guinea Ecuatorial se ve integrada al mercado mundial, van naciendo tanto una clase capitalista como una clase trabajadora. También documenta el trabajo de los voluntarios médicos cubanos en ese país: una expresión del ejemplo vivo de la revolución socialista cubana. US$10. También en inglés y persa.

LA LUCHA OBRERA Y LA DEFENSA DE LAS LIBERTADES CONSTITUCIONALES

50 años de operaciones encubiertas en EE.UU.

La policía política de Washington y la clase obrera norteamericana

LARRY SEIGLE, FARRELL DOBBS
STEVE CLARK

Cómo los trabajadores con conciencia de clase han luchado contra los esfuerzos por reforzar el "estado de seguridad nacional" que es esencial para mantener el dominio capitalista. US$10. También en inglés y persa.

El socialismo en el banquillo de los acusados

Testimonio en el juicio por sedición en Minneapolis

JAMES P. CANNON

El programa revolucionario de la clase trabajadora, tal como fue presentado en respuesta a cargos fabricados de "conspiración sediciosa" en 1941, en vísperas del ingreso de Washington a la Segunda Guerra Mundial. Los acusados eran dirigentes del movimiento obrero en Minneapolis y del Partido Socialista de los Trabajadores. US$15. También en inglés, francés y persa.

FBI on Trial

The Victory in the Socialist Workers Party Suit Against Government Spying

(El juicio contra el FBI: La victoria en la demanda del Partido Socialista de los Trabajadores contra el espionaje del gobierno)

MARGARET JAYKO

Relata la victoria histórica en la lucha por los derechos constitucionales. Incluye el fallo completo de la corte federal en 1986 contra el espionaje del gobierno así como fragmentos del testimonio en el juicio. En inglés. US$17

PATHFINDERPRESS.COM

DIRIGENTES REVOLUCIONARIOS EN SUS PROPIAS PALABRAS

Somos herederos de las revoluciones del mundo

Discursos de la revolución de Burkina Faso, 1983–87

THOMAS SANKARA

Los campesinos y trabajadores en este país de África Occidental crearon un gobierno popular revolucionario y comenzaron a combatir el hambre, el analfabetismo y el atraso económico impuestos por la dominación imperialista, así como la opresión de la mujer heredada de la sociedad de clases desde hace milenios. Cinco discursos del dirigente de esta revolución. US$10. También en inglés, francés y persa.

The History of the Russian Revolution

(La historia de la Revolución Rusa)

LEÓN TROTSKY

Cómo el Partido Bolchevique, bajo el liderazgo de Lenin, dirigió a millones de trabajadores y campesinos a derrocar el poder estatal de los latifundistas y capitalistas en 1917, y a llevar al poder un gobierno que promovía sus propios intereses de clase a nivel nacional y mundial. Escrito por uno de los dirigentes centrales de esa revolución socialista. Edición completa en inglés, tres tomos en uno. US$30. También en francés y ruso.

El socialismo y el hombre en Cuba

ERNESTO CHE GUEVARA, FIDEL CASTRO

Uno de los documentos revolucionarios más profundos jamás escritos. "El hombre realmente alcanza su plena condición humana cuando produce sin la compulsión de la necesidad física de venderse como mercancía". —Ernesto Che Guevara, 1965. US$10. También en inglés, francés, persa y griego.

LA EMANCIPACIÓN DE LA MUJER Y EL SOCIALISMO

Las mujeres en Cuba: Haciendo una revolución dentro de la revolución

VILMA ESPÍN
ASELA DE LOS SANTOS
YOLANDA FERRER

La integración de las mujeres a las filas y a la dirección de la Revolución Cubana fue parte inseparable de la trayectoria proletaria de esta desde el principio. Esta es la historia de esa revolución y cómo transformó a las mujeres y los hombres que la hicieron. US$17. También en inglés, persa y griego.

Los cosméticos, las modas y la explotación de la mujer

JOSEPH HANSEN, EVELYN REED
MARY-ALICE WATERS

Explica cómo los capitalistas refuerzan la posición de segunda clase de la mujer para extraer ganancias. De dónde proviene la opresión de la mujer. Y cómo la integración de millones de mujeres a la fuerza laboral fortalece la batalla por su emancipación. US$12. También en inglés, persa y griego.

La emancipación de la mujer y la lucha africana por la libertad

THOMAS SANKARA

"No existe una verdadera revolución social sin la liberación de la mujer", explica Sankara, dirigente central de la revolución de 1983–87 en Burkina Faso, en África occidental. US$5. También en inglés, francés y persa.

PATHFINDERPRESS.COM

PATHFINDER POR EL MUNDO

ESTADOS UNIDOS
(y América Latina, el Caribe y el este de Asia)

Pathfinder Books, 306 W. 37th St., 13th Floor
Nueva York, NY 10018

CANADÁ

Pathfinder Books, 7107 St. Denis, Suite 204
Montreal, QC H2S 2S5

REINO UNIDO
(y Europa, África, el Medio Oriente y el sur de Asia)

Pathfinder Books, 5 Norman Rd.
Seven Sisters, Londres N15 4ND

AUSTRALIA
(y Nueva Zelanda, el sureste de Asia y Oceanía)

Pathfinder Books, Suite 2, First floor, 275 George St.
Liverpool, Sydney, NSW 2170
Dirección Postal: P.O. Box 73, Campsie, NSW 2194